Philipp Peyman Engel

Deutsche Lebenslügen

Philipp Peyman Engel, geboren 1983 in Herdecke, ist als Sohn einer persischen Jüdin und eines deutschen Vaters im Ruhrgebiet aufgewachsen. Er studierte Philosophie, Pädagogik, Literatur und Medienpraxis in Bochum und Essen. Er ist Chefredakteur der »Jüdische Allgemeinen«. Das »Medium Magazin« zeichnete ihn 2023 als »Chefredakteur des Jahres« aus.

Helmut Kuhn, geboren 1962 in München, studierte Geschichte und Publizistik an der Berliner Freien Universität und der Pariser Sorbonne. Er arbeitet als Reporter, Redakteur und freier Autor für mare, Stern, Focus, DIE ZEIT, NZZ und die »Jüdische Allgemeine«. Neben seinen verschiedenen Erzählbänden, Romanen und Sachbüchern ist er Co-Autor des Buches von Murat Kurnaz, »Fünf Jahre meines Lebens«.

Der brutale Terroranschlag der Hamas vom 7. Oktober 2023 ist zu einer Nagelprobe politischer und moralischer Haltung in Deutschland geworden. Das Schweigen der Linken und der Jubel muslimischer Einwanderer, das Entsetzen der Politiker, die die Aufnahmen der Täter gesehen haben – viele Gewissheiten hat der 7. Oktober erledigt. In Deutschland zeigt sich der Antisemitismus so offen wie noch nie.

Der deutsche Jude Philipp Peyman Engel ist schockiert, dass die Empörung in Deutschland so zögerlich zum Ausdruck kommt – aber nicht überrascht. Seit Jahren verfolgt der Journalist die Anbiederung der deutschen Politik an die Feinde Israels und den alltäglichen Antisemitismus aus allen Ecken der Gesellschaft – von Rechten, von Linken, von muslimischen Migranten.

Philipp Peyman Engel begibt sich auf die Straßen von Neukölln und er begleitet Bundespräsident Steinmeier nach Israel, er schreibt über die Verlogenheit der deutschen Debatte und erzählt von seiner Jugend in Nordrhein-Westfalen. Sein Buch ist auf der einen Seite eine Abrechnung mit denen, die zum Terror schweigen, und eine Aufforderung, Haltung zu zeigen. Auf der anderen Seite ist es die schonungslose Beschreibung der moralischen Krise dieses Landes.

PHILIPP PEYMAN ENGEL
MIT HELMUT KUHN

DEUTSCHE LEBENSLÜGEN

Der Antisemitismus, wieder und immer noch

dtv

2. Auflage 2024

Satz: Fotosatz Amann, Memmingen
Gesetzt aus der Skolar Latin
Umschlaggestaltung: Hißmann, Heilmann, Hamburg
Druck und Bindung: CPI books GmbH, Leck
Printed in Germany · ISBN 978-3-423-28414-1

INHALT

VORWORT	7
KAPITEL 1 Ja, stimmt. Hier waren wir sicher	13
KAPITEL 2 Die postkoloniale Endlösung	31
KAPITEL 3 Der Judenknax	51
KAPITEL 4 »Hab' ich doch gesagt, Elke!«	69
KAPITEL 5 Wedding ist überall	87
KAPITEL 6 Ring frei	103
KAPITEL 7 Der Judenhasser vom Bosporus	123
KAPITEL 8 Mein amerikanischer Cousin	137
KAPITEL 9 Kurze Welle mit langen Folgen	149
KAPITEL 10 »Alternative für Europa« – ein Blick in die Glaskugel	163
ANMERKUNGEN	185

VORWORT

Sie kamen am frühen Morgen und hatten nur ein Ziel: möglichst viele Juden zu töten. Mit Tausenden Raketen überzogen die Terroristen der Hamas am 7. Oktober 2023 Israel, sie infiltrierten den jüdischen Staat zu Land, zu See und zur Luft, schlachteten erbarmungslos Zivilisten ab, vergewaltigten und verschleppten Frauen und schnitten in mehreren Kibbuzim – beim Schreiben dieser Wörter überfällt mich grenzenlose Trauer und unbändige Wut – Kindern die Kehle durch.

Mehr als 1200 Israelis ermordete die palästinensische Hamas im Süden Israels. Unter den Toten waren Babys, Jugendliche, Frauen, Eltern, Behinderte, Greise und Holocaust-Überlebende. Die Terroristen filmten ihre Taten. Sie machten sich einen Spaß daraus, Kinder zu quälen, sie misshandelten deren Mütter, trennten Familienvätern vor den Augen ihrer Familie Gliedmaßen ab und schossen ihnen anschließend in den Kopf.

Es ist der dunkelste Moment in der Geschichte Israels und der dunkelste Tag in der Geschichte des jüdischen Volkes nach 1945. An keinem anderen Tag nach der

Schoah wurden mehr Juden ermordet als am 7. Oktober des vergangenen Jahres. Seitdem befindet sich die jüdische Gemeinschaft weltweit im Schockzustand. Das Entsetzen und die Fassungslosigkeit sind auch fünf Monate nach diesem Massaker unermesslich. Der 7. Oktober war für jeden Juden eine Zäsur, seitdem ist nichts mehr, wie es war.

Doch nicht nur in Israel, auch in Deutschland ist die jüdische Gemeinschaft in höchstem Maße gefährdet. Die Bedrohung war seit der Gründung der Bundesrepublik wohl noch nie so akut wie jetzt. Seitdem der Judenstaat sich gegen den Terror der Hamas und ihrer Verbündeten in Teheran und Beirut wehrt, erleben wir auch hierzulande eine beispiellose Welle an judenfeindlichen Bedrohungen und Ausschreitungen.

Der 7. Oktober war noch nicht einmal vorüber, da sahen sich die deutschen Sicherheitsbehörden gezwungen, den ohnehin schon sehr intensiven Schutz vor jüdischen Einrichtungen noch einmal zu erhöhen. Die Maßnahmen waren keineswegs überzogen. Nach dem 7. Oktober rief die Hamas an drei Freitagen hintereinander zu einem weltweiten »Tag des Zorns« auf, was nichts anderes als ein Aufruf war, Juden zu ermorden.

Am ersten dieser Freitage blieben meine Kinder – wie so viele andere jüdische Kinder auch – zu Hause und besuchten nicht ihre jüdische Kita. Bei allem Mut und aller Entschlossenheit, uns nicht von einem judenfeindlichen Mob tyrannisieren lassen zu wollen – an diesem Tag siegte die Angst. Wer verstehen will, was es bedeutet, im Jahr 2024 in Deutschland Jude zu sein, fast

80 Jahre nach der Schoah, der muss nur die Nachrichten der vergangenen Monate zur Kenntnis nehmen: Ein jüdischer Student wird krankenhausreif geprügelt und erleidet drei Knochenbrüche im Gesicht. Weil er Jude ist und pro Israel. Ein libyscher Asylbewerber verübt einen Brandanschlag auf die Synagoge in Erfurt, in Berlin schlägt ein Imbissbesitzer auf einen israelischen Filmemacher ein, drei arabische junge Männer schlagen und treten auf einen Israeli ein, bloß weil dieser Hebräisch spricht, und in Frankfurt wird ein Rabbiner vor seinem Hotel antisemitisch beleidigt – die Liste dieser Vorfälle wird immer länger, und zwar jeden Tag.

Bei Kundgebungen in Berlin, Essen, Duisburg und Frankfurt bejubelten propalästinensische Demonstranten den Tod von Juden, skandierten massenhaft antisemitische Slogans und forderten ein judenreines Palästina »from the river to the sea«. Die Polizei ist guten Willens, doch angesichts der Masse aufgebrachter und oftmals auch gewaltbereiter, überwiegend arabisch- und türkischstämmiger Demonstranten heillos überfordert. Es ist ein Stück Kontrollverlust des Staates, die zeitweise Auflösung des staatlichen Gewaltmonopols.

Hätte jemand es bis vor Kurzem für möglich gehalten, dass das Holocaust-Mahnmal in Berlin von Polizisten beschützt werden muss, damit es nicht von einem aufgebrachten israelfeindlichen Mob gestürmt wird? Dass arabische Jugendliche im Gespräch mit Journalisten sagen, sie wünschten sich Adolf Hitler zurück, um kurz darauf »Vergast die Juden« zu rufen? Dass linke, vorgeblich progressive und postkolonial bewegte Studenten eine Art Schlussstrich fordern? Den Holocaust relativieren? Jüdische Kommilitonen niederbrüllen und anfeinden? Dass Juden sich fragen müssen, ob sie noch eine Zukunft im eigenen Land haben?

Vor genau drei Jahren hielt Bundespräsident Frank-Walter Steinmeier in New York zur Verleihung der Leo-Baeck-Medaille eine bemerkenswerte Rede. Darin würdigte er das »Wunder der Versöhnung« zwischen Deutschen und Juden – und konstatierte: »Nur wenn Juden sich vollkommen sicher fühlen, ist Deutschland ganz bei sich.«

Es ist eine bittere Erkenntnis aus den zurückliegenden Monaten: Deutschland ist außer sich. Noch nie war die Bundesrepublik so weit von sich und ihren Werten entfernt wie jetzt.

Während die Neonazipartei AfD, getragen von Rekordumfrageergebnissen, in einer gediegenen Villa in Potsdam Deportationspläne für Millionen von Migranten schmiedet, geht die politische Linke eine unheilige Allianz mit muslimischen und islamistischen Migranten ein. Das Ziel ihres antisemitischen Furors: die Juden und ihr Judenstaat. Und die demokratische Mitte? Verurteilt den Terror der Hamas – schweigt aber weitgehend ebenso konsequent wie überlaut zu den antisemitischen Exzessen gegen ihre »jüdischen Mitbürger«.

All das hinterlässt tiefe Spuren. Ich bin im Ruhrgebiet geboren und aufgewachsen. Ich habe bisher einundvierzig Jahre als deutscher Jude in Deutschland gelebt. Wenn der ICE am Essener Hauptbahnhof hält, bin ich aufgeregter, als wenn ich mit dem Flugzeug in New York lande.

Wenn im Radio Herbert Grönemeyers »Bochum« gespielt wird, bin ich den Tränen nahe. Jedes Mal aufs Neue. Ich bin tief verwurzelt in diesem Land. Doch die Erfahrungen, die ich als Kind, als Student und als Journalist gemacht habe und von denen ich in diesem Buch berichte, haben mir eines vor Augen geführt: Es ist eine Lebenslüge, dass dieses Land, das wie kein anderes Schuld auf sich geladen hat, dem Antisemitismus ein für alle Mal abgeschworen hat. Die viel zitierte Wiedergutwerdung: Die Reaktionen auf den 7. Oktober haben endgültig gezeigt, dass dies eine deutsche Lebenslüge ist. Wer in Sonntagsreden »Nie wieder!« und »Antisemitismus hat in Deutschland keinen Platz« fordert, politische Konsequenzen aber meidet, der hat in Wahrheit zum Antisemitismus in Deutschland geschwiegen. Doch über diesen Antisemitismus in Deutschland muss endlich offen gesprochen werden.

»Nicht alle gesellschaftlichen Konflikte, die durch Migration erzeugt werden, haben etwas mit Diskriminierung oder Rassismus zu tun. Sie zu verleugnen, wäre der wahre Affront auch gegenüber dem Großteil der friedlichen in Deutschland lebenden Muslime«, stellte Zentralratspräsident Josef Schuster unlängst fest. Es ist richtig: Aus Angst vor einem Schub für den Rechtsextremismus, der ebenfalls eine Kampfansage an unsere liberale Demokratie richtet, darf man sich der Realität nicht verweigern. Doch noch immer ist es in Deutschland ein Tabu, den enthemmten Hass auf Juden unter muslimischen Migranten anzusprechen. Der Antisemitismus indes kommt eben nicht nur von rechts und aus der

Mitte der Gesellschaft, sondern auch und besonders aggressiv aus der muslimischen und der vermeintlich links-progressiven Community. Davon handelt dieses Buch.

KAPITEL 1

Ja, stimmt.
Hier waren wir sicher

Völlig klar.

Raus, alle.

1967, im Frühjahr. Kurz nach dem Sechstagekrieg zwischen Israel, Ägypten, Jordanien und Syrien fassten die Eltern meiner Mutter nach langen Diskussionen und dem Abwägen der Gefahren einen folgenreichen Entschluss. Sie packten ihre Koffer und flüchteten in einer Nacht-und-Nebel-Aktion. Wie ihre Vorfahren rund 500 Jahre zuvor, die während der Reconquista von den Christen aus Spanien vertrieben worden waren und in Persien eine neue Heimat gefunden hatten. Für Juden war der Iran kein sicherer Ort mehr.

Zuerst überlegte die Familie, nach Uganda zu emigrieren. »Dort wollte sie eine Hühnerfarm aufmachen, also ganz verrückt«, erzählt mir meine Mutter. Dann kam die Überlegung auf, zu den Verwandten in Deutschland zu gehen, die Teppichhändler sind. »Ja, Deutschland. Die Deutschen haben aus dem Holocaust gelernt. Da sind wir sicher«, sagte mein Onkel.

Es klingt abenteuerlich, wenn meine Mutter heute,

sie war damals 15 Jahre alt, die Ereignisse schildert. »Die Moslem-Brüder begingen Attentate auf den Schah und einige Minister. Wir hatten Angst, die Situation war aufgeladen. Unser Pech war, dass wir in einer schlechten Gegend im Süden Teherans wohnten. Wo keine anderen Juden lebten. Als mein Vater und meine Brüder schon weg waren, klingelte es einmal an der Tür. Wir hatten Angst, dass wir massakriert werden, im heiligen Monat Ramadan. Zwei Frauen allein.«

Meine Großmutter war in Keschan geboren worden, in einer großen jüdischen Gemeinde. »Dort war ein Verwandter von uns, ein sogenannter Barfußarzt, der in die entlegensten Dörfer ging, Dr. Berjis, bestialisch ermordet worden. Die Mörder, die Mullahs, gingen zum Radio und sagten: ›Wir haben es getan!‹ Wir lebten nur noch versteckt. Und der feige Schah, der traute sich nicht, sie vor Gericht zu stellen. Ab da war uns klar: Wir sind vogelfrei. Es ist gut, dass wir gingen. Die hätten uns alle fertig gemacht.«

Zwölf Jahre später, 1979, kehrt der geistliche Führer Ayatollah Khomeini in einer Sondermaschine aus seinem französischen Exil in Paris zurück nach Teheran. Mit an Bord sind seine Vertrauten und einige Journalisten, darunter der deutsche Korrespondent Peter Scholl-Latour. Er beschreibt die Szene so:

»Auf dem Rollfeld selbst empfingen uns ein paar strammstehende Luftwaffenoffiziere und eine Menge Mullahs. Die großen Menschenmengen warteten am Rande der Landebahn und in der Vorhalle des Flughafens. Dort skandierten laute Chöre: ›Gott ist groß, Khomeini ist unser Führer.‹ Die ganze Innenstadt war voller Menschen, die Mullahs feierten ihre Revanche, die tanzten vor Begeisterung und die Menge machte mit.«[1]

Von nun an herrschten die Mullahs über das Land, Khomeini gründete die Islamische Republik Iran. Persien sollte fortan ein muslimischer Gottesstaat sein. Eine islamistische Diktatur. Für die Juden im Land war es das Ende aller Illusionen. Es gab tödliche, judenfeindliche Pogrome. Die Mullahs konfiszierten das Vermögen von Juden. Die jüdische Gemeinschaft war zum Abschuss freigegeben. Islamisten zogen durch die Straßen von Teheran und skandierten: »Erinnert euch an Chaibar, Chaibar, Juden! Mohammeds Armee kehrt zurück!«

Chaibar war der islamischen Überlieferung nach eine vor allem von Juden besiedelte Oase auf dem Gebiet des heutigen Saudi-Arabien, rund 150 Kilometer nördlich von Medina auf einem hoch gelegenen Plateau. Dort bauten sie Gemüse, Getreide und Wein an und beteiligten sich am Karawanenhandel. Als im Jahr 625 der Prophet Mohammed den jüdischen Stamm der Banu Nadir aus Medina vertrieb, zogen sie sich in die Festungen der Oase zurück. 628 eroberte Mohammed Chaibar und tötete die Anführer der Banu Nadir. Mit den verbliebenen jüdischen Bewohnern schlossen die Muslime einen Vertrag. Als Schutzgeld mussten sie die Hälfte ihrer Erträge abgeben.

Und nun, 1351 Jahre später, sangen sie »Chaibar, Chaibar, Juden!« in den Straßen von Teheran. Schon während der Nazizeit hatten sie meinen Groß- und

Urgroßeltern wie vielen anderen jüdischen Iranern vor der Synagoge gedroht: »Wartet nur ab, bis Hitler es auch zu uns schafft. Dann knüpfen wir euch Juden auf!«

Unter diesen Umständen im Land zu bleiben, wäre einem Selbstmord gleichgekommen. Jetzt flohen fast alle Juden – nach 2500 Jahren. Auch der restliche Teil unserer Familie. Sie verkauften ihr Hab und Gut, und versuchten, sich zu retten. »Eine Tante fälschte ihre Papiere, eine Cousine entkam mit fünf kleinen Kindern über Pakistan nach Sydney, der Mann erlitt einen Herzinfarkt«, erinnert sich meine Mutter. Seither leben wir in alle Himmelsrichtungen verstreut: in Israel, den USA, Australien und eben auch in Deutschland. »Alman! Alman!«, hatte mein Onkel vor der Flucht geschwärmt, als wäre es das Gelobte Land. »Die Deutschen sind heute anders. Sie tun den Juden nichts. Dort sind wir in Sicherheit.«

Ja, hier waren wir sicher. Mein Onkel sollte lange recht behalten.

Meine Mutter lebte zunächst in Schwäbisch-Hall, dann lernte sie meinen Vater kennen – ein großer blonder deutscher Mann hatte sie nach dem Weg gefragt ... – und ging später mit ihm nach Witten ins Ruhrgebiet. Dort wurde ich geboren, dort wuchs ich auf. Mein Vater ist Biodeutscher und nichtjüdisch, meine Mutter orientalische Jüdin. Eine ungewöhnliche Mischung. Der Vater meines Vaters war in der Wehrmacht, und er, der Sohn eines feigen Nazimitläufers, heiratet eine persische Jüdin, ausgerechnet. Mein Vater wurde ultralinks, Anhänger der KPD, er schämte sich für seinen Vater und dessen Schweigen.

Ich besuchte einen städtischen Kindergarten und das Ruhr-Gymnasium. Später wechselte ich auf die Hardenstein-Gesamtschule, eine Schule mit hohem Migrantenanteil. Dass ich jüdisch war, wusste niemand. Ich sah nur anders aus, etwas dunkler vielleicht, ich unterschied mich wenig von den meisten anderen Migrantenkindern.

In dieser Stadt im Südosten des Ruhrgebiets zählten wir zu den Ausländern. Und so erging es uns in diesen düsteren Zeiten, in denen es in Rostock und Hoyerswerda zu Ausschreitungen gegen Asylbewerber kam und der ehemalige SS-Offizier und rechtsextreme Politiker Franz Schönhuber seine Partei »Die Republikaner« von einem Wahlerfolg zum anderen trieb, wie vielen anderen Ausländern.

In unserem Briefkasten landeten anonyme Zettel von Nachbarn und anderen »besorgten« Bürgern. Sie waren an meine Mutter adressiert. »Ausländerschlampe, ihr habt hier nichts zu suchen, zieht aus!« Wir waren anders als alle Nachbarn: Unsere Haare waren schwarz, wir hatten zum Teil ausländische Namen, meine Mutter war alleinerziehend, das passte nicht ins Bild. Für die Wittener waren wir »Kanaken«.

Dass wir jüdisch waren, wussten sie ja nicht.

Meine Mutter brachte mir und meinen beiden Geschwistern ganz bewusst nicht die persische Sprache bei. Sie wollte immer, dass wir perfekt Deutsch sprechen, dass wir integriert sind. Anders als viele Deutsch-Iraner, die sie kannte. Es war ihr wichtig, dass wir gut integriert sind. Gleichzeitig war die persische Sprache uns Kindern von Anfang an vertraut. Meine Mutter telefonierte viel mit iranischen Freunden und Verwandten in der ganzen Welt, in Australien und Israel, in New York und Los Angeles. Farsi war omnipräsent bei uns zu Hause. Ohne, dass wir es verstanden.

Es gab immer persische Kultur, Musik, Jazz und Abdullah Ibrahim. Alles war Iran. So stark, dass ich mir als Kind nichts mehr gewünscht habe, als dass wir auch »normal« seien und nicht iranisch. Heute denke ich mit großer Sehnsucht an diese Zeiten: an das Fesendschan meiner Mutter, ein süßlich-herbes Schmorgericht mit Granatapfelsirup, Nüssen und der persischen Gewürzmischung Advieh; Ghormeh Sabzi, einen Eintopf mit Spinat und Kräutern wie Bockshornklee und Ackerlauch, Bohnen, Rind, Lamm oder Huhn. Besonders mochten meine Geschwister und ich persischen Reis mit Tahdig, einer Kartoffelkruste und Safran.

Persische Freunde meiner Mutter waren ständig bei uns zu Hause – und nur sehr wenige deutsche Freunde. Als wir älter wurden, bekamen diese Treffen eine politische Komponente. Schon als junge Frau war sie während der Studentenrevolten 1968 auf die Straße gegangen und hatte demonstriert, als es um die Notstandsgesetze ging. »Für mich war das eine Möglichkeit, einen Einstieg in die deutsche Gesellschaft zu finden«, sagt sie. Sie machte eine Ausbildung als systemische Familientherapeutin und wurde Sozialarbeiterin. Nebenbei hielt sie Vorträge über Juden im Iran. Ihr Geburtsdatum ist der 31. Dezember, wie bei vielen Einwanderern aus der muslimischen

Welt. Weil die deutschen Behörden das so bestimmten, wenn die Geburtsurkunde fehlte. Auch das verband uns mit den »Gastarbeitern«.

Auf der einen Seite liebt sie ihre Heimat, auf der anderen Seite hasst sie ihr Land, genau wie 50 Prozent der iranischen Bevölkerung. Sie hasst die Mullahs und ihre Anhänger, die sie und ihre Familie aus ihrem Land vertrieben haben und die Menschenrechte mit Füßen treten.

Wir haben noch einen weit verzweigten Teil der Familie in Hamburg, wo es eine größere iranisch-jüdische Community gibt, aber im Ruhrgebiet waren wir die einzigen Juden unter den Exiliranern. Später, als meine Mutter auf Demos von Exiliranern sprach, in Interviews Stellung gegen das Regime bezog und sogar einmal in der »Jüdischen Allgemeinen« porträtiert wurde, brachen manche Freundschaften entzwei.

Wenn ich den Artikel heute aus dem Archiv aufrufe, wundere ich mich. »Mit 58 hat man es schwer, eine Anstellung zu finden. Die Gemeinden suchen Sozialarbeiter, die Russisch sprechen, die evangelischen Einrichtungen wollen, dass man evangelisch ist, die Katholiken wollen jemanden, der katholisch ist. Ich habe mich inzwischen damit abgefunden. Aber wenn ich mit meinen Verwandten in Amerika darüber spreche, können die das gar nicht verstehen.«[2]

Sie hatte es nicht leicht in Deutschland. Ich habe das damals gar nicht so wahrgenommen.

In den Iran, in das Land ihrer Eltern und ihrer Kindheit, kann meine Mutter heute nicht mehr reisen. 2002 flog sie in Begleitung eines iranischen Akademikervereins, ausgerechnet zu Zeiten der Intifada in Israel, zum letzten Mal nach Teheran. Rückblickend ist sie heilfroh, dass ihr nichts passierte. Später kam dazu, dass sie nach 16 Jahren die deutsche Staatsbürgerschaft bekam – und die iranische zurückgab. Zurückgeben musste. »Ich bekam einen Anruf. Aus Teheran. Schick uns deinen Pass zurück, sonst kommen wir zu dir.« Sie kann nicht mehr zurück in dieses Land als Jüdin, die sich klar zu Israel bekennt und die Mullahs Massenmörder nennt.

Mein Bild vom Iran hat sich über meine Mutter vererbt. Auf der einen Seite bin ich fasziniert von diesem Land wie von keinem anderen. Teheran wurde einmal das Paris des Nahen Ostens genannt. Frauen mussten kein Kopftuch tragen. Und es klingt wie ein Treppenwitz der Geschichte: Das Land unterhielt sogar gute Beziehungen zu Israel, das dem Iran damals half, ein ziviles Atomprogramm aufzubauen.

An Pessach sagen wir Juden nach über fast 2000 Jahre der Diaspora traditionell: »Nächstes Jahr in Jerusalem!« Bei uns in der Familie heißt es gewissermaßen: »Nächstes Jahr in Teheran!«

Wir haben so viele Demonstrationen gegen das Regime miterlebt. Zweimal hofften wir bereits, es würde fallen. 2009 war es kurz davor. Und dann die sogenannten Frauenproteste der letzten Jahre. Aber auch sie wurden blutig niedergeschlagen.

Mein Verhältnis zum Iran ist so ambivalent wie das meiner Mutter. Ich wünsche mir nichts sehnlicher, als einmal dorthin fliegen zu können. Das Land mit meinen Geschwistern und meiner Mutter zu sehen, dass sie uns zeigt, wo sie aufgewachsen ist, in Keschan am Kaspischen Meer und in Teheran.

Der Iran hat eine so reiche Kultur, und sie wird von antidemokratischen, diktatorischen Mullahs zerstört, die Frauen, Juden und Anhänger der Bahai-Religion unterdrücken und abschlachten. Wie schön wäre es, wenn die Menschen in Frieden, Freiheit und guten Beziehungen zu ihren Nachbarn leben könnten, inklusive Israel.

Ich lese viel über den Iran, verschlinge alles, was ich finden kann. Auf meine Anfrage hin warnt mich das Auswärtige Amt dringend davor, dorthin zu reisen. Ich möchte meinen Kindern nicht die Schlagzeile antun: »Chefredakteur der ›Jüdischen Allgemeinen‹ wegen angeblicher Spionage im Iran verhaftet.«

Es leben noch immer Juden im Iran. 1979 waren es rund 120 000 – von 30 Millionen Iranern. Sie lebten seit 2500 Jahren dort, seit Xerxes sie aus Babylon befreite und nach Persien brachte. Heute sind es noch etwa 15 000. Immerhin eine der größten Gemeinden im Nahen Osten.

Sie gelten vor dem Gesetz wie die Hälfte eines muslimischen Mannes. Sie dürfen etliche Berufe nicht ausüben – wie im deutschen Mittelalter. Nach 1979 wurden viele Juden in führenden Positionen ermordet. Es gibt Schauprozesse gegen Juden, und seit dem 7. Oktober 2023 hat sich ihre Lage noch weiter verschlechtert. Gemeindevorsteher wurden gezwungen, im iranischen Fernsehen aufzutreten. Meine Mutter bekam eine Nachricht von

Verwandten aus Israel: Sie mussten, an einem Mittwoch – so rücksichtsvoll ist das Regime, denn am Schabbat wird gebetet –, in der Synagoge das »verbrecherische Israel« verurteilen und bezeugen, »unsere Herzen sind in Gaza«. So werden sie gedemütigt.

Das Regime wird fallen. Es ist nur unklar, ob meine Mutter das noch erleben wird.

Ich selbst war zwar Mitglied der Jüdischen Gemeinde Dortmund, von Religion aber wollte ich lange Zeit nichts wissen. Mein Bruder und meine Schwester waren ein paarmal da, und sie fanden es langweilig. Ich habe lieber meinen Sport gemacht, Triathlon, Mädchen getroffen oder war mit Freunden unterwegs, als in die Synagoge oder in die Gemeinde zu gehen.

Ich wuchs also nicht sehr jüdisch-religiös heran. Kulturell dagegen schon. Ich bin mit der »Jüdischen Allgemeinen« groß geworden. Mit den ganzen Klassikern der jüdischen Literatur, die ich verschlungen habe. Noch heute erinnere ich mich daran, wie meine Mutter bis tief in die Nacht die Zeitung gelesen hat. Ständig las sie moderne jüdische Autoren, Philip Roth und Louis Begley, und sie und ich gingen zu den Lesungen, wenn diese Schriftsteller ins Ruhrgebiet kamen. Jüdische Literatur, Israel, Iran: Das alles hat eine riesige Rolle gespielt.

Wie religiös wir auch hätten sein können, verstand ich erst, als wir zu unseren Verwandten in die USA nach Los Angeles reisten. Amerika war der maximale Kontrast zu unserem Leben im Ruhrgebiet. Alles war jüdisch, der gesamte Alltag, ihr ganzes Leben. Es wurde persisch gekocht, gesprochen, getanzt, geheiratet. In der Synagoge befanden sich am Schabbat mehr als tausend Menschen. Nur Leute, die aussahen wie wir. Und nicht wie die Menschen zu Hause in Witten.

Gleichzeitig haben sie es geschafft, Teil der amerikanischen Gesellschaft zu sein. Westwood ist in persischer Hand. In diesem Stadtteil von Los Angeles baute der Rabbiner, der einst meine Großmutter in der reichen jüdischen Gemeinde in Keschan unterrichtet hatte, die Gemeinde und die Nessah Synagoge eins zu eins wieder auf. Sehr zum Stolz meiner Mutter. Alle paar Jahre gönnte sie sich und uns den Luxus, unsere wunderbaren Verwandten in Westwood zu besuchen.

Dort gab es gleich mehrere sephardische Synagogen, die Beter allesamt persische Juden. Auf den Schulen und in den Universitäten war es völlig normal, Jude zu sein, und ich verstand, dass wir uns von unseren Verwandten deutlich unterschieden – weil wir in Witten und Umgebung weit und breit die einzigen Juden waren.

In der Schule sprach ich nicht darüber, dass ich Jude bin. Mein Bruder und ich machten immer ein Geheimnis darum, weil klar war, was passieren konnte, wenn es bekannt würde. Es wurde bekannt, ich war in der 11. Klasse, und natürlich passierte etwas: Ein guter Freund von mir, ein indischstämmiger Muslim, posaunte es heraus. Irgendwann hatte ich mich ihm unvorsichtigerweise anvertraut. Er hieß Montu Shan.[3] Dann konkurrierten wir um ein Mädchen, in das wir beide verliebt waren. Sie entschied sich für mich, dummerweise, und dann sprach er mir plötzlich auf die Mailbox: »Du Scheißjude!« Ein andermal hörte ich auf dem Anrufbeantworter: »Zyklon B«, dazu machte er laute Zischgeräusche. Irgendwann sahen wir uns in Bochum in der Disco, und er wollte auf mich losgehen. Wer half mir? Meine zwei anderen muslimischen Freunde, Ömer, der türkisch ist und bis heute mein bester Freund, und Irfan, ein muslimischer Deutschtunesier. Wir drei waren nie Schlägertypen, aber wir haben aufeinander aufgepasst wie Brüder.

Ich hatte es Montu Shan gesagt und auch einem deutschen Freund, Björn, der mir Nachhilfe in Mathematik gab. Björn war ein feiner Kerl, sein Vater war Polizist. Eines Tages sah er bei uns den Chanukka-Leuchter. Wir hatten uns immer gut verstanden, aber ab da kamen nur noch Judenwitze. Nicht jüdische Witze, sondern Judenwitze. Die Nachhilfe endete. Unsere Freundschaft auch. Mein Jüdischsein hatte alles geändert. Es tut noch immer, mehr als 20 Jahre später, weh, darüber zu sprechen.

In Deutschland gibt es heute wieder etwa 200 000 Juden. Das sind bei rund 80 Millionen Einwohnern 0,25 Prozent. Damals waren es noch viel weniger, denn erst in den Neunzigerjahren gelangten viele Juden aus der ehemaligen Sowjetunion nach Deutschland. Ich bin also Angehöriger einer Nullkomma-Minderheit. Und wie viele Muslime gibt es in der Bundesrepublik? Rund sechs Millionen, heute. Immerhin fast sieben Prozent. Auch eine Minderheit. Aber auf den Schulhöfen in Witten waren sie schon damals klar in der Überzahl. Mehrere Hundert zu eins. Da kann es schon mal zu beknackten Situationen kommen.

Ömer, das ist eine große Freundschaftsgeschichte, wir haben uns sofort verstanden. Er ist Deutschtürke, Moslem, ich bin halber Deutscher, halber Perser, aber ganzer Jude. Als er mich in der Disco verteidigte, wusste er davon noch nichts. Erst in der 12. Klasse sprachen wir darüber. Und er fand es spannend. Er war anders als die meisten Türken. Nicht konservativ, sondern freigeistig, er machte, was er selbst für richtig und vernünftig erachtete. Inzwischen ist er Lehrer.

Wir sind immer noch beste Freunde. Wir haben Meinungsverschiedenheiten, aber wir tragen sie offen aus. Es ist, wie es sein sollte, es steht nichts zwischen uns, politisch nicht und schon gar nicht menschlich. Er hatte lange nichts von unserer Jüdischkeit gemerkt, obwohl er oft bei uns zu Hause war und alle möglichen Symbole gesehen hat. Er konnte es sich trotzdem nicht zusammenreimen. Vielleicht hielt er es auch für unwahrscheinlich. Es ist statistisch gesehen auch fast unmöglich, dass man in Deutschland auf einen Juden trifft, der nicht Michel Friedman heißt. Es war jedenfalls nie ein Problem für unsere Beziehung. Er war auch ein bunter Hund. Das passte gut.

Irfan war auf einer anderen Schule, aber wir hatten gemeinsame Freunde. Mit ihm war ich nie so eng verbunden wie mit Ömer, aber er ist ein guter Freund. Er wusste auch, dass ich jüdisch bin, und es spielte keine Rolle. Ich war sogar mal mit ihm in Tunesien. In den letzten Jahren wurde dieses Thema allerdings omnipräsent. Ich fühlte mich zunehmend unwohl. Tunesien, Tunesien, Tunesien, die Unterdrückung der Muslime durch den Westen, die Verächtlichmachung von Biodeutschen: Seine Gesprächsthemen kreisten irgendwann nur noch darum. Es wurde sehr einseitig.

Ich erinnere mich oft an die Worte meines Onkels. Hier waren wir sicher. Aber wie jeder andere Jude in Deutschland habe ich immer wieder antisemitische Beleidigungen und Einschüchterungen ertragen müssen. Niemand spricht gern über Demütigungen. Aber wir waren nicht an Leib und Leben bedroht.

Schon 2017 schrieb ich im »Spiegel«, dass etwas ins Wanken geraten war: »Etwas Fundamentales hat sich in Deutschland geändert. Bislang galt in der Bundesrepublik das Selbstverständnis, dass jüdisches Leben sicher sein muss. Dieses Versprechen wird von der Politik bei jedem Gedenktag mantraartig wiederholt.

Heute aber kann von Sicherheit keine Rede mehr sein.

Sprechen wir es in aller Deutlichkeit aus: Die muslimische Gemeinschaft hat ein massives Problem mit dem Judenhass in den eigenen Reihen. Waren es jahrzehntelang vornehmlich Neonazis, die eine Gefahr für Juden darstellten, sind es nun auch arabisch- und türkischstämmige Migranten. Für die Mehrheitsgesellschaft mögen diese judenfeindlichen Exzesse von Muslimen überraschend sein. Für uns Juden gehören sie seit langer Zeit zum Alltag.«[4]

Und weiter: Es ist leider für Juden in vielen Städten Deutschlands selbstverständlich geworden, in der Öffentlichkeit keine Kippa mehr zu tragen. Es ist für Juden selbstverständlich geworden, in Berlin von Neukölln über

Kreuzberg bis Wedding nicht mehr Hebräisch zu sprechen. Es ist ganz normal geworden, dass arabischstämmige Fußballer meinen Mitspielern und mir bei Spielen unseres jüdischen Fußballvereins Makkabi »Ich stech' euch Scheißjuden ab!« entgegenschleudern. Es ist ganz normal geworden, dass jüdische Schüler so lange von muslimischen Mitschülern gemobbt werden, bis sie auf eine Privatschule gehen.

Beim Chanukkafest stellen wir den achtarmigen Leuchter nicht mehr vors Fenster, wo ihn jeder sehen kann. Wir geben unseren Kindern – für alle Fälle – auch einen nichtjüdischen Vornamen. Wir holen sie von der Kita und von Schulen ab, die streng bewacht werden und die man nur durch einen Durchgangsdetektor betreten kann. Das alles ist Alltag geworden. Wir haben uns daran gewöhnt, dass palästinensische Jugendliche mit Molotowcocktails Brandanschläge auf eine Synagoge verüben. Wir sind nicht überrascht, wenn ein Hebräisch sprechender Mann in der U-Bahn von Arabern verprügelt wird. Wir wissen, dass mitten in Berlin auf dem Ku'damm Horden arabisch- und türkischstämmiger Deutscher »Juden ins Gas!« und »Jude, Jude, feiges Schwein. Komm heraus und kämpf allein« brüllen – und die Polizei tatenlos danebensteht. Das alles ist nicht neu. Aber manchmal doch wieder überraschend.

Damals, im Dezember 2017, hatte der US-Präsident Donald Trump gerade Jerusalem als Hauptstadt Israels anerkannt, wogegen die viel zitierte »arabische Straße« weltweit lautstark und gewalttätig demonstrierte. So auch in Deutschland. Die Proteste erstreckten sich über

Wochen. Als an einem Freitagabend rund 1200 propalästinensische Demonstranten vor dem Brandenburger Tor eine Fahne mit Davidstern verbrannten und Flaggen der Terrororganisationen Hamas und Hisbollah in die Höhe hielten, hatte ich zufällig in der Gegend zu tun.

Ich schaute mir die Proteste – aus der Entfernung – an. Eine Zeile, die immer wieder skandiert wurde, kam mir in beängstigender Weise vertraut vor. Zuerst verstand ich den Gesang nicht genau. Ein junger Mann mit Palästinensertuch half mir auf die Sprünge: »Sie rufen ›Chaibar, Chaibar, Juden! Mohammeds Armee kehrt zurück!‹«, sagte er freundlich. Der gleiche Gesang, den die Islamisten 1979 nach der Revolution in den Straßen von Teheran skandiert hatten.

Schon 2017 war es, als hätte der Antisemitismus aus der alten Heimat uns eingeholt. Jetzt ist es endgültig so.

Meine Mutter war damals als junge Frau mit sehr großen Erwartungen nach Deutschland gekommen. Sie ist jetzt – mit 70 Jahren – zum zweiten Mal heimatlos geworden. Sie liebt den Iran, kann aber nicht mehr zurück. Und sie fühlt sich zunehmend entfremdet in Deutschland. Sie sagt: Wie können die Deutschen nicht sehen, dass auch Opfer von Rassismus Täter werden und Antisemiten sein können? Der muslimische Antisemitismus ist bis heute weitgehend tabuisiert.

Sie kann nicht verstehen, wie man vor dem Hintergrund der deutschen Geschichte so blauäugig sein kann. Dass viele Deutsche aus Angst, als reaktionär oder rechtsextrem angesehen zu werden, die Augen vor muslimischem wie linkem Antisemitismus in ihrem Land verschließen. Sie kann die Entwicklung der rechtsextremen AfD zu einer der stärksten Kräfte in den deutschen Parlamenten nicht nachvollziehen. Seit dem 7. Oktober fühlt sie sich wie viele andere Juden zunehmend isoliert. Sie fühlt sich fremd in Deutschland. Aber wo soll sie hin?

Sie macht sich Sorgen um mich, um meine Frau und ihre beiden jüdischen Enkelkinder in Deutschland. Sie ist stolz darauf, dass ich Chefredakteur ihrer geliebten Zeitung geworden bin. Aber sie warnt mich auch: Musst du dich so exponieren? Bei Markus Lanz auftreten? Sie hat Angst, dass mir etwas geschieht.

Auch mich holt meine Geschichte ein. Ich denke oft an meine Kindheit und Jugend in Witten zurück. An meine muslimischen Freunde. Alles wird extremer. In rasanter Geschwindigkeit. Ist es Zeit, wieder zu gehen? Und wenn ja: wohin?

Es ist November 2023 und ich habe mehrere Wochen lang nichts von Irfan gehört.

Irfan und ich teilen uns seit Ewigkeiten ein »Spiegel-Online«-Abo, er ist wie ich Nachrichtenjunkie. Der 7. Oktober, Israel, die tagtäglichen judenfeindlichen Ausschreitungen auf deutschen Straßen – er kriegt das natürlich alles mit. Seit den Massakern der Hamas in Israel höre ich nichts mehr von Irfan. Vorher waren es viele WhatsApp-Nachrichten pro Tag. Seit dem 7. Oktober nichts mehr. Gar nichts. Absolute Funkstille. Zum ersten Mal seit Jahren.

Nach vier Wochen schreibe ich: »Kann es sein, dass irgendetwas zwischen uns steht?«

Er antwortet: »Ach, hi, schön, von dir zu hören, wie geht's dir?«

Das war die einzige Antwort. Er erzählt sonst viel von sich, von der Unvereinbarkeit von Beruf und Kindern, vom Stress im Alltag, von Fußball, und dann nur ein dürrer Einzeiler: »Wie geht's dir?« Ich antworte: »Tut mir leid, Irfan. Du liest doch auch jeden Tag News. Beschissen geht's mir. Warum meldest du dich nicht mehr?«

Keine Antwort. Ganze drei Wochen lang.

»Magst du noch antworten? Lass uns doch mal telefonieren!«, schreibe ich.

Wir sind seit 20 Jahren Freunde. Doch es kommt keine Antwort. Absolute Funkstille. Bis heute.

KAPITEL 2

Die postkoloniale Endlösung

»Free Palestine from German guilt!«

Es ist ein kalter, sonniger Tag. Sie haben sich für diesen Mittwoch über TikTok und Instagram verabredet. Sie nippen an ihren Coffees to go, plaudern, haben sich mit Matcha, Wraps und veganem Gebäck versorgt. Die Stimmung ist gut. Fröhlich, kämpferisch.

Wie auf eine stille Übereinkunft hin nehmen sie Platz auf Bürgersteig und Straße zur Mahnwache vor dem Auswärtigen Amt in Berlin-Mitte – bis hin zur Brücke über die Spree sitzen sie. Rucksäcke, Hoodies, Palästinensertücher. Viele Männer tragen Vollbart und Dutt.

»Stop, stop the Genocide!«

Sie protestieren, nur wenige Tage nachdem die Hamas ein brutales und menschenverachtendes Massaker an der israelischen Zivilbevölkerung begangen hat. Sie fordern nicht, dass Außenministerin Annalena Baerbock und die deutsche Regierung den Staat Israel und dessen Bevölkerung in seiner schwersten Stunde seit dem Yom-Kippur-Krieg unterstützen. Sie demonstrieren nicht dafür mitzuhelfen, die Geiseln zu befreien oder humanitäre Hilfe in den Gaza-Streifen zu bringen. Stattdessen rufen sie: »Befreit Palästina von der deutschen Schuld!«[5]

Es sind deutsche Bürgerkinder, die hier sitzen. Kinder, die von ihren Eltern, an ihren Schulen, im Laufe ihrer Sozialisation, Hunderte Male den Begriff »Holocaust« gehört haben. Und nicht etwa Schlägertypen mit tätowierten Hakenkreuzen an Händen und Hälsen. Kinder, die mit ihren Lehrerinnen und Lehrern Konzentrationslager besucht haben. Nicht etwa Wutbürger oder Abgeordnete und Aktivisten der AfD, die einen Schlussstrich unter den »Vogelschiss« in der deutschen Geschichte ziehen möchten.[6] Die ein Ende des »Schuldkults« fordern.

Der Slogan klingt aber verdammt nah dran.

Jetzt könnte man meinen: Ach was. In Berlin demonstrieren jeden Tag Hunderte Leute oder mehr irgendwo gegen irgendwas. Stimmt. Aber der latent schwelende Antisemitismus in diesem Land findet plötzlich neue Wege. Seit den Pogromen des 7. Oktober sind auch in Deutschland die Dämme gebrochen. Wir Juden schreiben eine neue Zeit.

Es ist dunkel geworden, Flutlicht. Im Laufe des Abends haben sich immer mehr Demonstranten eingefunden. Behelmte und mit Plexiglasschilden bewehrte Einsatzkräfte beginnen, die Demonstranten sanft, aber bestimmt zurückzudrängen.

»Die eigentliche Versammlung ist schon länger beendet«, spricht ein Beamter der Berliner Polizei ruhig in ein Megafon. »Die restlichen Personen werden als verbotene Ersatzveranstaltung gewertet.«

Der Slogan wird schneller, lauter und begleitet von rhythmischem Klatschen: »Free Palestine from German guilt.« Eine Person wird unter Buhrufen weggetragen. Bis es nur noch heißt: »Free Palestine!« und »Viva, viva – viva Palästina«, viele Hände zum Victory-Zeichen erhoben.

Die Beamten geben mehr oder weniger auf. Sie haben das Territorium des Staates verteidigt, aber sie beschränken sich nun auf wohlwollende Eindämmung. Sie bilden eine Mauer. Die deeskalierende »Berliner Linie«, bereits im West-Berliner »Häuserkampf« der Achtzigerjahre entwickelt und erprobt.

Das Ganze bleibt friedlich. Es sind Demonstrantinnen und Demonstranten, die nicht auf physische Gewaltentladung aus sind. Sie unterscheiden sich von den Demonstranten der Achtziger. Sie subsumieren sich selbst gern unter dem Begriff »postkoloniale Linke«. Eine länderübergreifende Bewegung zumeist junger Leute, die auf das koloniale Erbe des Westens aufmerksam machen wollen.

Völlig zu Recht. Der Globale Norden hat den Globalen Süden, Afrika, Lateinamerika sowie große Teile Asiens jahrhundertelang unterworfen, ausgebeutet, in Sklaverei und Abhängigkeit gehalten und Völkermorde begangen. Dieses Erbe lastet schwer auf vielen europäischen Ländern und natürlich auf den USA. Wir haben uns auf Kosten ganzer Kontinente bereichert und tun es noch. Wir nennen uns Industrienationen, und wir betrachten andere Völker und Nationen als »Dritte Welt« oder Schwellenländer.

Dafür sind *wir* verantwortlich.

In diesen Kontext will die postkoloniale Linke die aktuelle Lage im Nahen Osten einordnen. Sie betrachten den Staat Israel und sagen: Das, was Israel mit dem Volk der Palästinenser macht, steht in dieser Tradition. Nach ihrer Lesart ist Israel ein Kolonialstaat, der ein anderes Volk unterdrückt, beraubt, ermordet – einen Genozid und »ethnische Säuberungen« vollzieht. Und sie stellen die so einfache wie pervertiert verquere Frage: Warum sollen Gaza und die Westbank für die deutsche Vergangenheit bluten?

Es ist eine Frage, die den Kern der deutschen Erinnerungskultur berührt. Folgt man dem australischen Historiker und Vorreiter der postkolonialen Bewegung, A. Dirk Moses, bildet der Holocaust eine Version von Kolonialismus, ist also nicht mehr etwas Singuläres. Und als Folge überschatte die Erinnerung an den Holocaust die Erinnerung an die Opfer des Kolonialismus. Die Einordnung des Holocaust in eine Geschichte von Genoziden würde die Deutschen aus ihrer »einmaligen« Schuld befreien und ihnen einen vermeintlich unbelasteten Blick auf Israel erlauben. Aber haben wir uns nicht einmal darauf geeinigt, dass der Holocaust eben doch etwas Singuläres ist? Ich möchte das hier nicht weiter diskutieren, denn das würde bedeuten, vor allen Leugnern zu kapitulieren.

Die Themen der postkolonialen Linken sind breit gefächert. Sie verknüpfen sich mit Schlagworten wie *Wokeness*, *Diversity*, *Cancel Culture* oder *Gender*. Es geht um soziale Gerechtigkeit, Entkolonialisierung oder *Cultural Appropriation:* Sie betrachten es als eine fragwürdige kulturelle Aneignung, wenn sich weiße Menschen Locs, Braids oder Cornrows flechten, Frisuren, die mit Stolz in der Black Community getragen werden. Eigentlich könnte man das Tragen der Kufiya, des »Palästinensertuchs«, auf den Demos auch als Akt der kulturellen Aneignung verstehen. Aber okay.

Die fröhliche Räuberei kultureller Symbole liegt im Trend. Influencer, Musiker, Künstler und Sternchen tragen Dreadlocks oder Kopftuch. Das Problem dabei ist, so die Argumentation, nicht das Tragen der Symbole selbst, sondern das weit verbreitete Unwissen über ihren Ursprung. Was zu dem vielleicht wichtigsten Begriff im Diskurs der postkolonialen Linken führt: *Awareness*. Es geht vor allem darum, sich der Problematiken bewusst zu werden. Das sind große, wichtige Themen, denen sie sich verschrieben haben. Wäre da nicht dieser merkwürdige Blindfleck Israel.

Die postkoloniale Linke ist jung, gut ausgebildet, professionell, polyglott und vor allem: über Social Media international vernetzt. Sie ist aber auch arrogant, einflussreich, laut, übergriffig und ultraaggressiv. Sie stellen zum Teil ebenso einfache wie richtige Forderungen auf. Man soll Menschen, die einen Migrationshintergrund haben, nicht fragen: Wo kommst du her? Schließlich wollen die Gefragten nicht als fremd wahrgenommen werden. Die Bewegung ist geprägt vom Kampf gegen den Rassismus. Ob »Black Lives Matter«, »Fridays for Future« – sie kämpft global und einigt sich auf postkolonial linke Werte. Im Grunde sprechen sich die Anhänger dieser Massenbewegung explizit gegen jede Form von Antisemitismus aus. Das gehört eindeutig zum *Awareness*-Kanon dazu. Und dann stellen dieselben jungen Leute uns deutschen Juden die Frage. Ja, aber was passiert in Israel? Sie tun das Gegenteil dessen, was sie predigen: Vielleicht wollen manche von uns auch nur ganz normale Deutsche sein? Und nicht mit den Problemen und Geschehnissen in Israel gleichgesetzt und darauf reduziert werden? Wo ist der Unterschied zur Frage: Wo kommst du her? Sie setzen sich vors Auswärtige Amt, brüllen »Viva Palästina« und suchen den Schulterschluss zur propalästinensischen Straßenwalze in Neukölln, die eindeutig von Juden hassenden Organisationen wie Samidoun,[7] von der Hamas und von radikalen Islamisten geprägt ist.

Der Instinkt der Linken bestand schon immer darin, für die Palästinenser Position zu beziehen. Diese Unterscheidung führte bei den 68ern zur Parteinahme für die PLO und andere arabische Terroristen, bei den Durchschnittslinken zur Distanzierung von Israel und bei den postkolonialen Linken führt er zu einer Relativierung des Holocaust zugunsten der vermeintlich größeren Opfer durch die Kolonialpolitik. Das ist in Deutschland zu beobachten, aber, wie wir jetzt sehen, auch international. In Deutschland kommt hinzu, dass die Täter-Opfer-Umkehr eine historische Entlastung mit sich bringt. Und das genau ist der Dammbruch, dass alle unterschiedlichen linken Strömungen plötzlich zu erkennen geben, dass sie diese Schnittmenge verbindet: Sie alle sind gegen die Juden, ob hier oder dort.

Freies Palästina. Heißt das auch: Schluss mit der deutschen Schuld?

»Es ist das Gleiche, wenn heute Zehntausende oder Hunderttausende in London, New York oder wo auch immer ›From the River to the Sea, Palestine will be free‹ rufen. Fragen Sie sie: welcher Fluss, welches Meer?, dann haben sie keine Ahnung. So ist es mit Antisemitismus«, sagt der amerikanisch-israelische Schriftsteller Tuvia Tenenbom. »Die Welt hasst die Juden, gibt ihnen für alles die Schuld, ohne etwas über die Juden zu wissen. Sie haben vielleicht noch nie einen Juden im wirklichen Leben gesehen.«[8]

Da mag man den Spieß umdrehen: Habt ihr da selbst nicht ein massives *Awareness*-Problem? Und seid ihr euren Nazigroßeltern in einem Punkt nicht viel näher, als es euch lieb sein kann?

Freitagmorgen, Freie Universität, Berlin-Dahlem.

»Kinder bombardieren ist nicht Selbstverteidigung« und »Stoppt den Genozid in Gaza« steht auf den Spruchbändern. Es ist eine »palästinasolidarische« Zusammenkunft von rund 150 jungen Menschen. Dazu aufgerufen hatte eine marxistische Gruppe namens »Klasse gegen Klasse«, erkennbar an den roten Fahnen. Eine Rednerin ergreift ein Mikro und das Wort.

»Wir teilen weder die Methoden noch die Strategien der Hamas, einer Organisation, die gezielt Zivilist*innen angreift, ein theokratisches Regime aufbauen will und zutiefst arbeiter*innenfeindlich, frauenfeindlich, queerfeindlich und antisemitisch ist.«

Man grenzt sich ab von der Hamas – und verteidigt sie sogleich. In dem an die Freie Universität gerichteten Aufruf von »Klasse gegen Klasse« heißt es: »Wir fordern die FU auf, eine Erklärung zu veröffentlichen, die den Krieg gegen Gaza als Völkermord und den israelischen Staat als das bezeichnet, was er ist: Apartheid.«

Die altbekannte Melodie des Antisemitismus: Ja, aber.

Einige Meter abseits hat sich eine kleine Gruppe Gegendemonstranten versammelt. Ein winziges Dutzend. Sie schwenken wacker Israelfahnen und hängen an den Schlachtruf »Free Palestine« aus leiser Kehle: »... from Hamas«.

Ein Demonstrant trägt Kippa und singt: »Am Yisrael Chai.«

Das Volk Israel lebt. Allein.

Aber der 7. Oktober sorgt auch in linken Kreisen für Spaltung. »Killing jews is not fighting for freedom«, ließ die Rote Flora im Hamburger Schanzenviertel unmittelbar nach dem »Schwarzen Schabbat« in Großbuchstaben an ihrer Parolenwand wissen. Darunter stand: »Wir sind solidarisch mit allen Menschen in Israel und allen Jüdinnen und Juden auf der Welt.«

Das Autonome Zentrum in einem ehemaligen Theater ist seit 1989 Kulturort und fester Bestandteil der Stadt. In einer Nacht im Oktober ergänzte jemand die Nachricht um den Zusatz: »und Palästinenser*innen, die im neuen

Nahost-Krieg sterben«. Später verschwanden die Wörter »Jüdinnen und Juden« auf mysteriöse Weise.

Es mag nach einer Posse klingen, aber »der Plakat-Streit in Hamburg steht beispielhaft für die Zerrissenheit der Linken«, schreibt die »taz«, ein verlässlicher Seismograf in der Wahrnehmung tektonischer Verschiebungen in der Linken: »Eine Debatte ist wieder aufgebrochen, die die Szene in Deutschland schon nach dem Anschlag auf das World Trade Center 2001 gespalten hatte. Damals war die Auseinandersetzung mehr als nur ein Streit zwischen antiimperialistisch Denkenden – die sich dem Globalen Süden verpflichtet fühlen – und Antideutschen, für die die Schoah zentraler Bezugspunkt ist und die Israel deshalb besondere Solidarität entgegenbringen ... Dieser Streit zeigt sich seit dem 7. Oktober im gesamten Westen.«[9]

Auch die klassischen »Antifa«-Gruppen sind seit dem Anschlag in Hanau 2020 um eine neue Variante reicher: die »Migrantifa«-Gruppen.[10] Waren und sind die beinahe alteingesessenen Kämpferinnen und Kämpfer gegen den Antifaschismus überwiegend Biodeutsche, setzen sich die neuen Gruppen aus Menschen mit Migrationshintergrund zusammen. Während die einen die Erinnerung an die Schoah noch als verbindend und verpflichtend ansehen, scheiden sich die Geister auf der anderen Seite.

Palästina habe sich »verteidigt, indem es die koloniale, militärische Infrastruktur Israels erfolgreich angreift«, schreibt die Gruppe »Migrantifa Rhein-Main« (»Von Migrant*innen für Migrant*innen! Yallah!«) zum

Pogrom des 7. Oktober – und empfiehlt auf Instagram, den Posts der antisemitischen Bewegung »Palästina spricht« zu folgen.

Es ist eine unheilige Allianz: Die postkoloniale Linke verschwistert sich mit antisemitischen muslimischen Migranten. Völlig unverblümt teilt sie ihren Judenhass. Es ist klassischer Antisemitismus in neuen Gewändern, und er hat katastrophale Folgen. In Berlin werden Davidsterne an Häuser und Wohnungen geschmiert, in denen Jüdinnen und Juden leben. Die Israelitische Kultusgemeinde München und Oberbayern bittet unsere Redaktion, die »Jüdische Allgemeine« nur noch in neutralen Umschlägen an ihre Mitglieder zu verschicken. Die ersten – und letzten? – jüdischen Familien ziehen weg aus Neukölln: ein Sieg der Muslime, von denen manche zum bestialischen Massenmord an 1200 Menschen Baklava reichten. Innenministerin Nancy Faeser warnt eindringlich vor islamistischen Anschlägen in Deutschland und sieht eine »jederzeit bestehende, erhebliche Gefahr«. In Wittstock/Dosse werden zwei Jugendliche verhaftet, die mutmaßlich einen Anschlag auf einen Weihnachtsmarkt in Leverkusen geplant haben. Der Verfassungsschutzpräsident Thomas Haldenwang sieht das Risiko einer »Radikalisierung von allein handelnden Tätern« und warnt vor Anschlägen auf Juden und Israelis, insbesondere »weiche Ziele« seien gefährdet.[11] Zwischen dem 7. Oktober und 9. November 2023 meldet die Recherche- und Informationsstelle Antisemitismus Berlin (Rias) einen Anstieg von antisemitischen Straftaten um mehr als 300 Prozent.[12] Als Folge des Nahostkonflikts sind in Deutschland im letzten

Jahr innerhalb von zwei Monaten mehr als 4000 islamistische Straftaten verübt worden.[13]

An einem Sonntag im November tritt die Ikone der Klimaschutzbewegung »Fridays for Future« in Amsterdam auf. 85 000 Zuschauer. Es ist kalt und regnerisch. Greta Thunberg trägt eine graue Winterjacke, darüber die Kufiya. Sie sagt: Man solle auf die Stimmen jener hören, »die unterdrückt sind und für Frieden und Gerechtigkeit kämpfen«.

Die bis jetzt größte Klimademo der Niederlande ist plötzlich eine politische Kundgebung. Einige Demonstranten ziehen bereits ab. Dann kommt es zum Eklat. Der Niederländer Erjan Dam betritt die Bühne. Später wird er Journalisten sagen, er habe sich missbraucht gefühlt. Er geht auf Thunberg zu und nimmt ihr das Mikrofon aus der Hand. »Ich bin hergekommen für eine Klimademonstration, nicht für politische Meinungen«, sagt er.[14]

Weiter kommt er nicht. Aktivistinnen entreißen ihm das Mikro und komplimentieren ihn von der Bühne. »Beruhige dich«, ruft ihm Greta Thunberg lächelnd nach. Der Mann verschwindet in der Masse. Neben Thunberg steht die palästinensische Aktivistin Sara Rachdan. Sie spricht: Israel begehe »einen Völkermord in meinem Land«. Auf ihrer Instagramseite macht sie sich über den Holocaust lustig. Relativiert die Schoah. Wirft zugleich Israel Nazimethoden vor. Glorifiziert den Terror der Hamas. Greta weiß genau, mit wem sie sich hier umgibt. Am Ende sagt sie es vor, und alle skandieren mit: »Keine Klimagerechtigkeit auf besetztem Land.«[15] Palästina-Flaggen im Wind.

Es ist nicht die erste verschwurbelte Message dieser Art. Im Oktober hielt sie in einem Fotopost die Aufforderung »Stand with Gaza« in Händen. Über ihrer Schulter war ein Kuscheltieroktopus zu erkennen: das Symbol der »Krake Israel«, das nach der Weltherrschaft strebt. Die uralte antisemitische Mär von den »Protokollen der Weisen von Zion« lässt grüßen. Später hat sie auf X geschrieben, dass sie von der Bedeutung dieses Symbols nicht gewusst hat.[16]

Thunbergs einseitige Parteinahme für die Palästinenser? Ihre fehlende Empathie mit den israelischen Opfern? Ihr eisiges Schweigen zu den Massenmorden der Hamas? Geschenkt! Doch mittlerweile wirft auch sie Israel vor, einen Genozid an den Palästinensern zu verüben. Ihre standhafte Weigerung, die Hamas als Terrorgruppe zu beschreiben oder den Opfern des 7. Oktober auch nur die geringste Anteilnahme entgegenzubringen, zementiert die Spaltung der Linken auch im Globalen. Und das hat ebenso fatale Folgen, nicht zuletzt für die wirklich wichtige Klimaschutzbewegung selbst. Der ehemalige Grünen-Abgeordnete und Präsident der Deutsch-Israelischen Gesellschaft, Volker Beck, sieht bereits das »Ende von Greta Thunberg als Klimaaktivistin« kommen: »Ab jetzt hauptberuflich Israelhasserin.«[17]

Viele wenden sich von ihr ab. Ihr Nimbus als Jeanne d'Arc des brennenden Erdballs bröckelt. »Wir stehen ein für den Schutz von jüdischem Leben – hier und überall«, beeilte sich »Fridays for Future Deutschland« nach dem

Eklat von Amsterdam zu verkünden: »Thunberg verletzt mit ihrer Positionierung gerade viele Menschen.«

Der neue Kampf der postkolonialen Linken erstreckt sich bis in die Berliner Partyszene. Seit dem 7. Oktober finden fragwürdige Zusammenkünfte im linken Spektrum Berliner Technoclubs statt. So organisierte das queere, linke Partykollektiv Supernatural einen »Queer Soli Rave« im »About Blank«.

Der angesagte Technoclub in einem wildwüchsigen, düsteren Areal nahe dem S-Bahn-Knotenpunkt Ostkreuz hatte sich in der Vergangenheit mehrfach gegen die antisemitische BDS-Bewegung positioniert und war einer der wenigen in der Szene, die das Hamas-Massaker in einem Post klar verurteilten: »die islamisten der hamas haben der welt auf monströse weise demonstriert, was sie sind: todfeinde der freiheit, der emanzipation, des lebens ... fassungslos nehmen wir zur kenntnis, wie einzelpersonen, künstler*innen oder gruppen aus der clubszene und der linken diesen antisemitischen terror als ›dekolonialismus‹ oder als ›palästinensischen freiheitskampf‹ deuten, rechtfertigen oder sogar feiern.«[18]

Und dort sammelte der »Soli Rave« Geld für ein israelisch-palästinensisches Online-Magazin und den »Palestine Children's Relief Fund« (PCRF)? Der PCRF ist eine 1991 in den USA gegründete NGO, die Kindern in palästinensischen Gebieten nach eigenen Angaben kostenlose medizinische Versorgung bieten will. Deren Gründer und Präsident Steve Sosebee sprach seit dem 7. Oktober mehrfach vom »Genozid in Gaza«.

Ein Partner des PCRF, die Hilfsorganisation »Islamic Relief Palestine«, ist sogar von den Vereinigten Arabischen Emiraten 2014 als Terrororganisation eingestuft worden. In dem Facebook-Auftritt einer Mitarbeiterin von PCRF in Hebron war zeitweise eine Animation zu sehen, auf der jemand ein palästinensisches Kind mit Messer und Gabel zerteilt und verspeist. Auf der Serviette befindet sich ein Davidstern. Juden, die christliche Kinder essen, gehören seit jeher zum Arsenal antisemitischer Motive.

Es ist eine Logik, die ich nicht verstehe: Queere Menschen spenden für einen Hilfsfonds, der vorgibt, Kindern zu helfen, aber einer Terrororganisation nahesteht, unter deren Diktatur in Gaza Schwule und Lesben vom Tode bedroht sind? »About Blank« distanzierte sich von der Aktion. In einem Interview mit der »Berliner Zeitung« sagte Sulu Martini, ein Sprecher des Clubs, dass in der Szene Leute mit »Positionen dominieren, die mindestens keinesfalls in den Verdacht geraten wollen, proisraelisch zu sein – oder die schlicht Angst haben, sich in diesem toxischen Freund-Feind-Diskurs falsch zu positionieren. Daher schweigen vermutlich so viele zum Hamas-Terror, die sich sonst sehr sichtbar politisch äußern. Das ist, vor dem Hintergrund des virulenten Antisemitismus auch in Deutschland, sehr bitter.«[19]

Der 7. Oktober markiert eine Zeitenwende. Es bricht nun auf, was längst vorhanden war: Teile der alten, der antiimperialistischen wie der neuen postkolonialen Linken unterscheiden sich in ihrem Antisemitismus, den sie sich nicht eingestehen wollen, nicht mehr von jenen Muslimen, die Juden ganz offen hassen, weil sie Juden sind. Das verstört sogar langjährige Parteigänger.

»Die Antwort der Linken auf die überwältigenden Ereignisse war entwaffnend schlicht und lief nur auf eines hinaus: Für diese Tragödie war Israel verantwortlich«, schrieb Eva Illouz, die streitbare israelisch-französische Soziologin und Professorin an der Hebrew University in Jerusalem in einem Essay in der »Süddeutschen Zeitung«.[20] »Ich glaubte, dass vor allem die Leute aus meinem politischen Lager von den Gräueltaten der Hamas abgestoßen wären. Stattdessen sehen sich die Juden in Israel und in der Welt schamlos im Stich gelassen.« Der Titel war so knapp wie der Text: »Wir, die Linken? Nicht mehr«.

Es war ein Abschied.

»Ich studiere im Hauptfach queere postkoloniale Astrologie.«

Israelis lieben ihre Satireshow »Eretz Nehederet«. Das heißt so viel wie »wunderbares Land«. Vor allem westliche Medien und linke Aktivisten stehen derzeit ganz oben auf dem Speiseplan der Macher. Seit dem 7. Oktober setzt die Sendung auf eine einfache Formel: Humor gegen Heuchelei. Und ein dreiminütiger Sketch der Show ging im November viral.

Darin zu sehen sind zwei Studierende und Aktivisten auf einem amerikanischen Campus, »live mit den News der Columbia Untisemity«. Junger Mann, junge Frau. Er: blauer Vokuhila, Palästina-Shirt und rosa Kufiya. Sie:

pinker Pony, Brille, Nasenring. Beide vor einem Plakat, darauf zwei Kinder unter der Überschrift »Kidnapped«. Die Kinder lachen, und die Kulisse ist – wie es scheint – ein Schweizer Bergsee.

Sie: Hier ist jeder willkommen. LGBTQH ...
Er: H?
Sie: Hamas.
Er: Ja, total simp *(sympathisch)*. Und gerade voll im Trend.
(Beide singen.)
From the River to the Sea, Palestine will be free ...
Sie: Weißt du, warum es stimmt?
Er: Nee ...
Sie: Weil es sich reimt.

Es geht um »zionistische Lügner«, die »toxische Propaganda« verbreiten. Der Typ sagt, er sei nicht antisemitisch, eher »racist fluid«, vielleicht: fließend rassistisch. Der Sketch nimmt Studierende amerikanischer Eliteuniversitäten aufs Korn, die nach dem Massaker ihre Unterstützung für die mordenden Terroristen ausdrückten. Was weltweit für Entsetzen sorgte, wird auf Kanal 12 des israelischen Fernsehens plötzlich zu heiterer Leichtigkeit, inmitten des Krieges, ständiger Alarmsirenen und einschlagender Raketen. Seit 20 Jahren funkt die Sendung fröhlich dazwischen. Aber seit dem 7. Oktober überschlagen sich die Einschaltquoten. Jeder dritte Israeli schaut regelmäßig rein. Auch orthodoxe Juden.

(Zuschaltung des mit roter Kufiya vermummten Hamas-Terroristen Abu Fatwa aus einem Tunnel unter dem Krankenhaus in Gaza-Stadt)

»Hi! Salam Aleikum …«

»Ja, Aleikum salam, Allah wird euch Ungläubige alle vernichten.«

»Vielen, vielen Dank! Wie geht es dir? Ich meine, bist du sicher?«

»Oh ja, ich bin sicher, über mir sind Allah und zwei Millionen Zivilisten, die mich beschützen. Ich habe nur Hunger. Hunger auf Raketen.«

»Oh, ich wünschte, wir könnten bei dir sein.«

»Das könnt ihr. Kommt nach Gaza, und wir werden euch vom Dach werfen, ihr homosexueller Dreck.«

»Oh super, er will eine Dachterrassenparty schmeißen …«

Das ist mitunter starker Tobak, Israelis zeigen gern Nehmerqualitäten. Aber es ist ja auch starker Tobak, um den es hier geht:

»In der postkolonialen linken Bewegung wird infrage gestellt, dass es überhaupt einen jüdischen Staat im Nahen Osten gibt«, sagt Meron Mendel. Israel gilt als koloniales Projekt. Juden sind nach dieser Logik als Besatzer ein verlängerter Arm des Westens. »Juden leben seit biblischen Zeiten in dem heutigen Gebiet Israels. Im identitätspolitischen Diskurs wird zwischen Weißen und Nichtweißen unterschieden. Die Weißen sind Unterdrücker, die Nichtweißen Unterdrückte. In diesem Schema werden israelische Juden den Weißen zugeordnet und haben damit die Rolle der Unterdrücker, die Palästinenser sind immer nur Opfer. Dadurch entsteht eine Täter-Opfer-Umkehr, und Juden wird die Schuld dafür angelastet, dass jüdische Kinder abgeschlachtet werden. Ein antisemitisches Narrativ, das bis ins Mittelalter zurückreicht.«[21]

»Viva, viva Palästina.« Die Rufe werden leiser. Kraftloser. Irgendwann löst sich die Kundgebung vor dem Auswärtigen Amt, die als fröhliches Sit-in begann und als glasklarer Schulterschluss mit muslimischem Judenhass endet, von allein auf. Die deutschen Bürgerkinder sind müde, die Vorräte sind aufgebraucht, und es wird auch kalt. Ein alter Berliner Spruch lautet: »Früher hatten wir'n Kaiser, und morgen is' Donnerstag.« Die Aufmerksamkeitsspanne einer Generation: Heute viva Palästina rufen, morgen ruft die Uni, das Praktikum, die Werbeagentur. Aber was bedeutet es eigentlich, konsequent zu Ende gedacht, was sie den ganzen Tag gerufen haben? Was bedeutet es *genau*, »From the River to the Sea« zu fordern?

Es bedeutet: die Endlösung. In Israel gibt es keinen Platz für Israelis. Keinen Platz für Juden. So wie fast im gesamten Nahen Osten. Judenreines Gebiet. Bravo.

Ich weiß nicht, ob sie sich darüber im Klaren sind oder ob es nur »voll« im Trend liegt. Die Hamas, Hisbollah und der Iran sind sich darüber schon im Klaren. Für sie haben die jungen Leute heute demonstriert.

An einem dieser kalten Herbsttage lese ich einen Post auf X:

»Was ist eigentlich los mit ›progressiven‹ Studierenden in der Welt? Es ist schlimmer misgendert zu werden, als die Auslöschung Israels zu fordern? Vergewaltigungen sind auch ok, solange Jüdinnen die Opfer sind?«[22]

Er stammt von der Publizistin und ehemaligen Präsidentin der Jüdischen Studierendenunion Deutschland, Anna Staroselski.

»Was soll mit Israelis passieren, wenn ihr Intifada bis zum Sieg ruft?«

Ich bin nicht allein.

KAPITEL 3

Der Judenknax

Die Behörde der Kulturstaatsministerin ist im Bundeskanzleramt angesiedelt. Hier hat Claudia Roth ihr Büro, von hier aus schaltet und waltet Deutschlands wichtigste Kulturpolitikerin – oder lässt Debatten laufen, ohne sich einzumischen. Selbst wenn es um Judenhass von links und lupenreinen Antisemitismus aus dem viel zitierten globalen Süden geht.

Ein Sprecher holt meine Kollegin Ayala Goldmann, unseren Fotochef Marco Limberg und mich im Foyer ab. Ayala leitet das Kulturressort der »Jüdischen Allgemeinen«, ich bin zu dem Zeitpunkt noch Chef vom Dienst. Wir fahren in eines der oberen Stockwerke. Es ist laut, im Regierungsviertel ist permanent Feuerwehr oder Polizei unterwegs. Roths Büro ist vollgestellt. Ich erinnere mich daran, dass es bei ihrer Vorgängerin, der Literatur- und Kunsthistorikerin Monika Grütters, sachlicher und aufgeräumter zuging. Jetzt wirkt das Büro wie das eines Kunstmessies.

Es ist Februar 2023. Claudia Roth trägt eine Strickjacke mit wirrem Muster und einen Schal aus der gleichen Wolle über dunklem Pulli und Hose. Sie empfängt uns geradezu aufgekratzt. Man kennt das von ihr. Unausgesprochen steht im Raum, was ich ein knappes Dreivierteljahr zuvor, am 22. Juni 2022, unter dem Titel »documenta der Schande« in unserer Zeitung über sie geschrieben hatte: »Die zahlreichen Antisemitismusskandale bei der Ausstellung markieren eine Zäsur. Nun müssen harte Konsequenzen folgen – auch für Kulturstaatsministerin Claudia Roth.«

Unsere Zeitung hatte, als erste in der deutschen Medienlandschaft, ihren Rücktritt gefordert. Von »Spiegel Online« über die »Tagesschau« bis hin zur FAZ berichteten alle darüber. Am Ende verkündete Kanzler Scholz exklusiv in unserer Zeitung, dass er zum ersten Mal seit 30 Jahren nicht die documenta besuchen werde. Rückendeckung für seine Ministerin sieht anders aus. Mehrere Tage lang war es offen, ob Roth sich würde halten können.

Die »Jüdische Allgemeine« ist eine kleine Zeitung. Die Auflage liegt bei rund 10 000 Exemplaren, die meisten davon werden an Abonnenten geliefert. Online ist die Außenwirkung größer, einzelne Geschichten erzielen schon mal mehrere Hunderttausend Klicks. 1946 als »Jüdisches Gemeindeblatt für die Nord-Rheinprovinz und Westfalen« gegründet, ist das Periodikum heute das wichtigste Medium des deutschen Judentums.

Dadurch hat die Zeitung einiges Gewicht. Sie wird von allen Leitmedien und Parteien zur Kenntnis genommen. Zu hohen jüdischen Feiertagen kommt es vor, dass der Bundeskanzler anfragen lässt, ob er dazu einen Artikel schreiben dürfe. Gern. Wir bemühen uns, Politik, Weltgeschehen und Kultur aus jüdischer Sicht zu beobachten und zu kommentieren. Wir wollen transparent über das vielfältige jüdische Leben in Deutschland sowie die jüdischen Gemeinden berichten. Wir sind eine unabhängige Redaktion, der Zentralrat der Juden in Deutschland fungiert als Herausgeber.

Roth war damals stinksauer auf mich, wie unserer Zeitung zugetragen wurde. Ihr Büro hatte sich über mich erkundigt und wollte wissen, ob der Zentralrat hinter mir stehe. Wie war das noch mal mit der Pressefreiheit?

Jetzt hat sie sich erneut schlaugemacht. Sie weiß, dass meine Mutter aus dem Iran geflüchtet ist. Sie spricht kritisch über das Mullah-Regime und sehr nett über Israel. Sie ist zugewandt, herzlich, sie erwähnt Dortmund, da habe sie am Theater vor Jahrzehnten ihren ersten Job gehabt. Sie kenne auch Witten, meine Heimatstadt. Sie versucht, mich für sich einzunehmen.

Ayala und mir geht es aber nicht um Smalltalk. Sondern um Roths Umgang mit der documenta 15, Deutschlands wichtigster Kunstausstellung, die nur alle fünf Jahre stattfindet.

Zur Erinnerung: Kuratiert wurde sie 2022 von dem indonesischen Künstlerkollektiv ruangrupa, dessen Mitglieder zum Teil offene Unterstützer des BDS (»Boycott, Divestment and Sanctions«) sind oder sich nicht von der antisemitischen Boykottbewegung distanzieren mochten. Für ruangrupa-Mitglieder und einige von ihnen für die Ausstellung verpflichtete Künstler repräsentiert der jüdische Staat ein koloniales System »weißer Menschen«: Israel erfülle die Merkmale einer Apartheid, es praktiziere wie seinerzeit Südafrika die Trennung der einzelnen ethnischen Bevölkerungsgruppen, deshalb sei Israel allumfassend zu ächten.

Für uns Juden war es ein Faustschlag ins Gesicht, als auf dem Friedrichsplatz in Kassel, dem Hauptspielort der documenta 15, ein monumentales Banner des indonesischen Künstlers Taring Padi mit dem Titel »People's Justice« enthüllt wurde. Wie konnte es sein, dass auf der documenta das wohl scheußlichste antisemitische »Kunstwerk« ausgestellt wurde, das seit 1945 öffentlich in Deutschland zu sehen war?

Wie konnte es sein, dass Juden als Schwein samt Davidstern und »Mossad«-Aufschrift gedemütigt wurden? Wie konnte es sein, dass wir in einer Art und Weise dargestellt wurden, wie man es sonst nur aus dem NS-Hetzblatt »Stürmer« kennt: mit Schläfenlocken, Kippa, übergroßen Monsterzähnen, blutrünstigen Augen und SS-Abzeichen auf dem Hut? Wie konnte es sein, dass ein anderes Werk die israelischen Streitkräfte mit der Wehrmacht verglich?

Dass die documenta weltweit mit Antisemitismusskandalen statt mit Kunstbetrachtungen Schlagzeilen machte, dafür war – neben documenta-Chefin Sabine Schormann, Hessens Kunstministerin Angela Dorn (Grüne) und Kassels Oberbürgermeister Christian Geselle (damals SPD) – allen voran Kulturstaatsministerin Claudia Roth verantwortlich.

Frau Roth, seit der documenta ist das Verhältnis zwischen Ihnen und der jüdischen Gemeinschaft schwer belastet. Ist der Kampf gegen Antisemitismus in Ihrer Behörde mittlerweile Chefsache?
Ich habe den herzlichsten Wunsch und das allergrößte Interesse, dass es ein enges und ein vertrauensvolles Verhältnis gibt zwischen der Kulturstaatsministerin wie auch der Person Claudia Roth und den Jüdinnen und Juden in unserem Land. Ich bin und war auch im ganzen letzten Jahr immer in einem engen Austausch mit jüdischen Freunden und Freundinnen. Mein ganzes politisches Leben hatte ein ganz großes Ziel, und das hat mir mein Vater so weitergegeben: der moralische Imperativ unseres Grundgesetzes – die Würde des Menschen ist unantastbar. Ich bin in Babenhausen, nicht weit weg von Dachau, aufgewachsen, und die Besuche in der KZ-Gedenkstätte als sehr junger Mensch mit den Eltern haben mich für mein ganzes Leben geprägt. Antisemitismus ist ein Angriff auf die Menschenwürde. Der Kampf gegen Antisemitismus ist eine politische und eine gesamtgesellschaftliche Verantwortung.

Zweiter Versuch.

Hätten Sie nicht genau deshalb schon lange vor Eröffnung der documenta Stellung beziehen müssen gegen den bewussten Ausschluss jüdischer Israelis und die große Nähe der Kuratoren zur antisemitischen Boykott-Bewegung BDS?
Bis zur Eröffnung waren es zunächst ja nur Vermutungen. Aber auch die ersten Befürchtungen habe ich sehr ernst ge-

nommen und gleich nach deren Aufkommen am Anfang des vergangenen Jahres ein begleitendes Expertengremium vorgeschlagen. Es kam dann erst viel später – und zu spät. Diese Entscheidung habe ich nicht zu verantworten, sondern die Träger der documenta. Ich bin nach Kassel gefahren, habe die Befürchtungen dort klar angesprochen, und mir wurde von allen Seiten – Geschäftsführung und ruangrupa – versichert, es werde keinen Antisemitismus und keine antisemitische Bildsprache geben. Jetzt können Sie natürlich sagen: Wie kann man so gutgläubig sein. Aber ich sage Ihnen auch: Bis zur Eröffnung war niemandem, auch nicht dem Bundespräsidenten, bewusst, dass vor dem Haus, wo er seine Rede gehalten hat, dieses Banner mit antisemitischer Bildsprache hing.

Wir sind alle schockiert und konnten damit wirklich nicht rechnen: Claudia Roth setzt sich an die Spitze der Empörten. Dabei fielen die antisemitischen documenta-Festspiele im Sommer 2022 in ihren politischen Verantwortungsbereich. Dabei hatte der Zentralrat sie rechtzeitig darauf hingewiesen, dass bei dieser Gruppe mit antisemitischen Werken und israelfeindlicher Propaganda zu rechnen ist. Entweder war Roth nicht in der Lage, Einfluss auf sich lange abzeichnende Entwicklungen zu nehmen. Oder sie konnte und wollte nicht verstehen, dass Judenhass eine elementare Herausforderung für unsere Demokratie darstellt. Beides disqualifiziert sie in höchstem Maße als Kulturstaatsministerin.

Ich habe diese Themen seit Januar angesprochen. Vielleicht hätte ich noch lauter sein können und müssen …

Es gehört zu den deutschen Lebenslügen: Antisemitismus gab es nach 1945 nur von rechts. Antisemitismus von links? Fehlanzeige. Antisemitismus bei von Rassismus betroffenen Milieus wie indonesisch-muslimischen Künstlern? Nicht doch! Noch zu Beginn war die viel beschworene »Perspektive des Globalen Südens« auf höchster Ebene gefeiert und verteidigt worden. Claudia Roth nahm ruangrupa vor Vorwürfen des Antisemitismus in Schutz. »Die Herkunft aus einem bestimmten Land sollte nicht vorab zu Verdächtigungen führen, möglicherweise antisemitisch zu sein«, sagte die Grünen-Politikerin noch im Juni 2022.[23] Dass jüdische Künstler aus Israel schon im Vorfeld der documenta von ruangrupa systematisch gecancelt worden waren, darauf ging Roth nicht ein.

Und beim Berliner African Book Festival 2023, das auch von Roths Hauptstadtkulturfonds gefördert wird, wurde der künstlerische Leiter erst auf öffentlichen Druck hin ersetzt. Der mauretanische Schriftsteller Mohamedou Ould Slahi Houbeini hatte sich in den Neunzigerjahren Al Qaida angeschlossen und war später in Guantanamo unrechtmäßig festgehalten worden.

Ich jedenfalls lehne den BDS sehr klar ab und habe das auch immer gesagt …

Ich höre ihr zu, wir stellen Fragen, sie antwortet. Teflonartig perlt alles an ihr ab. Und ich frage mich: Wann hat das eigentlich angefangen? Dieser Knacks im Verhältnis der »deutschen Linken« zu Israel und den Juden?

Dieser linke Antisemitismus? Vielleicht mit dem »Judenknax«, mit dem Linksradikalen Dieter Kunzelmann und dem Jahr 1967.

In der Zeit der NS-Diktatur wurde auch die deutsche Linke verfolgt und ermordet. Anhänger der Kommunistischen Parteien, Sozial- und andere Demokraten, Schriftsteller, Künstler, Philosophen, Linkintellektuelle fanden in den Konzentrationslagern ebenso wie Juden, Sinti, Roma und Homosexuelle den Tod. Diejenigen, die fliehen konnten, teilten das Schicksal des Exils mit den geflüchteten deutschen und österreichischen Juden.

In den Zentren des Exils, in New York, London, Los Angeles oder Buenos Aires, schlossen sie sich oft zusammen. Für die deutsch-jüdische Zeitung »Aufbau« in New York, die ab 1934 zum weltweiten Sprachrohr deutschsprachiger Juden wurde, schrieben und arbeiteten jüdische Autorinnen und Autoren wie Lion Feuchtwanger, Hannah Arendt, Ludwig Marcuse oder Max Brod ebenso wie Thomas Mann, Ludwig Marcuse oder der Sozialdemokrat Will Schaber.

In das Deutschland der Nachkriegszeit, als die meisten Juden noch in sogenannten Displaced Persons Camps (»DP-Camps«) lebten und mit gepackten Koffern nach einer neuen Heimat suchten, waren auch viele Exildemokraten zurückgekehrt. Willy Brandt hatte in Norwegen Zuflucht gefunden. Der damalige Vorsitzende der SPD und Oppositionsführer Kurt Schumacher hatte das Konzentrationslager überlebt. Aus Moskau kam die Gruppe Ulbricht. Intellektuelle wie Theodor W. Adorno versuchten, das Ausmaß des Holocaust zu begreifen, wovon das

Gros der deutschen Bevölkerung noch immer wenig wusste – oder nichts wissen wollte. Die deutsche Linke jener Tage war eine andere. Viele hatten jüdische Freunde, waren sich der Katastrophe voller Scham bewusst – und auch der Tatsache, dass vieles einfach weiterlief.

Stellvertretend dafür steht die Entstehung des Bundesnachrichtendienstes, der aus der »Organisation Gehlen« 1956 hervorgegangen war. Reinhard Gehlen, unter Hitler Chef des militärischen Nachrichtendienstes »Fremde Heere Ost«, war 1945 zu den Amerikanern übergelaufen und hatte der CIA seine Dienste und sein Netzwerk angedient. Fortan wirkten er und seine Nazigetreuen nahtlos weiter. Darunter ehemalige SS-Offiziere und andere Täter des Holocaust.

Über Antisemitismus in jenen Zeiten zu reden, ist also müßig. In den Schulbüchern der Fünfzigerjahre kam die Ermordung von sechs Millionen Juden nicht vor. Auch andere Kriegsverbrechen der NS-Zeit wurden verschwiegen. Erst mit der Revolte der 68er begann sich das zu ändern. Sie versuchten, den »Muff von tausend Jahren unter den Talaren« zu lüften. Der Wahlspruch der Außerparlamentarischen Opposition (APO) und der Studenten richtete sich unter anderem gegen die Tatsache, dass die Bundesrepublik Konrad Adenauers »entnazifizierte« Beamte des sogenannten Dritten Reichs nahtlos wieder in ihre früheren Funktionen installierte – Polizisten, Staatsanwälte, Richter, Universitätsprofessoren.

Gegen diese Realität und gegen das Schweigen richtete sich die Revolte. Die Generation der 68er hinterfragte ihre Eltern. Mama, Papa, wo wart ihr eigentlich im Krieg? Warum habt ihr den Judenmord nicht verhindert?

Aber mit Rudi Dutschke und Daniel Cohn-Bendit betraten auch »Spontis« wie Fritz Teufel und Dieter Kunzelmann die Bühne sowie Ulrike Meinhof, Gudrun Ensslin und Andreas Baader, die späteren Köpfe der RAF. Sie stellten das System der BRD infrage – und entdeckten den Kampf der PLO und ihres Führers Jassir Arafat gegen Israel. Sie solidarisierten sich, mehr noch: Sie suchten den Schulterschluss. Sie ließen sich in palästinensischen Camps an Waffen ausbilden, lernten, Bomben zu legen, und gingen in den Untergrund.

Israel war für sie Besatzungsmacht. Unterdrücker. Ein Terrorstaat. Sie setzten Israel – ungeachtet seines eigenen Überlebenskampfes – mit dem NS-Regime gleich. Als sei der im Mai 1948 gegründete und von den Vereinten Nationen legitimierte Judenstaat eine direkte Verlängerung Hitler-Deutschlands. Das ist an Hass, Verdreht- und Verlogenheit kaum zu übertreffen.

Dieter Kunzelmann, Sohn eines Sparkassendirektors in Bamberg, ging seinen eigenen Weg. Er wurde Mitglied der »Kommune 1« in Berlin und gründete die Terrororganisation »Tupamaros West-Berlin«.

In der Retrospektive mag der 2018 verstorbene »Sponti« vielen als sympathisch und eher harmlos erscheinen, verglichen jedenfalls mit der RAF. Aber auch Kunzelmann, der von Weggefährten als »eindeutig antisemitisch« beschrieben wird, der ständig über »Scheißjuden« gehetzt habe, gelangte über linksradikale Genossen in Italien nach Jordanien, wo er ein Ausbildungscamp der damaligen Fatah unter Arafat durchlief.

Selbst das wäre eine klein gedruckte Notiz der Geschichte, hätte er nicht mutmaßlich ein Attentat geplant, das heute weitgehend aus unserem kollektiven Gedächtnis gelöscht ist: Am 9. November 1969, dem Jahrestag der Novemberpogrome von 1938, tickte während einer Gedenkveranstaltung in der Garderobe eine Bombe. Unter den 250 Teilnehmern waren der damalige Regierende Bürgermeister Klaus Schütz und der Vorsitzende des Zentralrats der Juden in Deutschland Heinz Galinski.

Sie explodierte nicht – aufgrund eines technischen Fehlers. In einem Flugblatt bekannte sich die linksradikale Gruppe »Schwarze Ratten TW [Tupamaros West-Berlin]« zu dem Anschlag. Kunzelmann veröffentlichte, obgleich er sich im Berliner Untergrund befand, im Szeneblatt »Agit 883« einen »Brief aus Amman«. Darin heißt es:

»[Die Linken haben] das noch nicht begriffen. Warum? Der Judenknax ... Wenn wir endlich gelernt haben, die faschistische Ideologie ›Zionismus‹ zu begreifen, werden wir nicht mehr zögern, unseren simplen Philosemitismus zu ersetzen durch eindeutige Solidarität mit AL FATAH, die im Nahen Osten den Kampf gegen das Dritte Reich von Gestern und Heute und seine Folgen aufgenommen hat.«[24]

Später sprach Kunzelmann von einer »Bombenchance«, die man verpasst habe. Es ist bis heute unklar, ob an dieser Tat ein V-Mann des Verfassungsschutzes maßgeblich beteiligt war. Das erklärt vielleicht das

Zögern der Justiz: Es kam nie zu einer Anklage gegen Kunzelmann wegen dieses Anschlags.

Aus heutiger Sicht kann ich mich nur wundern. Da wollen Leute die Juden und Jüdinnen, die der Pogromnacht gedenken, den Zentralratspräsidenten und Berlins Regierenden Bürgermeister in die Luft sprengen – und niemand wird dafür belangt?

Dieter Kunzelmann war sicher nur eine Randfigur der deutschen Linken. Der antisemitische »Sponti« saß später gelegentlich wegen Eierwürfen, etwa auf den Regierenden Bürgermeister Eberhard Diepgen, und anderer Vergehen ein paar Monate hinter Gittern. Es blieb aber dieser Satz, das Wort vom »Judenknax«. Dessen Wirkung in der Szene gilt als unbestritten.

Das markierte, vielleicht, den Anfang. Und dann kam Entebbe, 1976, wie ein Höhepunkt.

Am 4. Juli 1976 beendeten israelische Sicherheitskräfte auf dem Flughafen von Entebbe ein einwöchiges Geiseldrama gewaltsam. Palästinensische und deutsche Terroristen der Revolutionären Zellen hatten gemeinsam eine Passagiermaschine der Fluggesellschaft Air France in Athen entführt und mit Sprengsätzen versehen. An Bord befanden sich 105 Geiseln, darunter 77 Israelis. Bereits in der Luft wurden die Israelis von den deutschen Linksradikalen und den Fatah-Terroristen ausgesondert. Alle Nichtjuden wurden in Entebbe freigelassen.

Das israelische Spezialkommando stürmte schließlich die Maschine und töteten die meisten Geiselnehmer.

Drei der Geiseln sowie 20 ugandische Polizisten und ein israelischer Oberstleutnant kamen dabei ums Leben. Für den späteren Außenminister und damaligen Linksradikalen Joschka Fischer war dies der Anlass zum Ausstieg. Er schreibt:

»Denn die ›Solidarität‹ mit den Palästinensern führte viele Gruppen der radikalen Linken in Europa und auch in Deutschland Schritt für Schritt zur Kollaboration mit dem palästinensischen Terror. Der katastrophale Höhepunkt dieser Entwicklung war für mich [1976] erreicht … Diesem Kommando gehörten auch zwei junge Deutsche aus Frankfurt am Main an, Wilfried ›Boni‹ Böse und Brigitte Kuhlmann. Böse kannte ich entfernt persönlich. Dass diese beiden deutschen Terroristen sich dazu hergaben, anhand der Namen in den Reisepässen die jüdischen von den nichtjüdischen Passagieren zu trennen, faktisch also zu ›selektieren‹, löste bei mir blankes Entsetzen aus, das mich endgültig aufwecken sollte. Ich war fassungslos. Für mich war das die schlimmste Form von Antisemitismus, die sich durch nichts rechtfertigen ließ.«[25]

Fischer hatte es kapiert. Aber viele nicht.

Für Jürgen Trittin, Roths grüner Parteikollege, war Kunzelmann trotz allem bis zu dessen Lebensende »ein großer Sponti«. Ebenjener Trittin, der 2019 wie Roth die Ächtung des antisemitischen BDS durch den Bundestag verurteilte, muss es ja wissen. Doch würde der ehemalige Umweltminister auch so wertschätzend über einen rechtsextremen Bombenleger sprechen? Zu Recht wohl kaum.

Im linken Künstlermilieu ist der Judenknax noch lange nicht überwunden. Vielleicht ist das der Grund für das »relative Stillschweigen in der Kulturszene« nach dem 7. Oktober und »das Ausbleiben eines Ausdrucks des Mitgefühls« besonders »eben unter den Kulturschaffenden«, wie es der Schauspieler Edgar Selge im Dezember 2023 in der »Süddeutschen Zeitung« beschreibt.[26]

Claudia Roth ist in diesem linkskulturellen Milieu tief verwurzelt. Sie war lange die Managerin der Rockband Ton Steine Scherben. Deshalb dazu noch eine letzte Frage, bitte, Frau Roth:

Roger Waters hat bei Konzerten Ballons in Schweineform aufsteigen lassen, die mit einem Davidstern bemalt waren. Anschließend wurden diese Ballons abgeschossen. Wo ist Ihre Stimme zu dem Thema?
Ich bedauere außerordentlich die Entwicklung eines Musikers, der mit der Gruppe Pink Floyd für viele eine große Bedeutung hatte. Roger Waters ist mittlerweile offenkundig zu einem aktiven BDS-Unterstützer und darüber hinaus Verschwörungstheoretiker geworden. Als Kulturstaatsministerin kann und will ich kein Konzert verbieten … Deshalb würde ich mir wünschen, dass Veranstalter darauf verzichten, Konzerte mit Roger Waters durchzuführen, und wenn sie dennoch stattfinden sollten, dass er vor leeren Hallen spielt.

Wir bedanken uns für das Gespräch. Ich bin froh, wieder die Sirenen vor dem Kanzleramt zu hören. Zur Redaktion ist es nicht weit, wir gehen zu Fuß. Frische Luft tut jetzt gut.

Claudia Roth folgte drei Monate später, im Mai 2023, der Einladung des Zentralrats der Juden zum jüdischen Musikwettbewerb »Jewrovision« nach Frankfurt am Main. In der Frankfurter Festhalle beginnt sie ihr Grußwort: »Ich bin sicher ...« – weiter kommt sie nicht. Sie wird von über tausend jugendlichen Teilnehmerinnen und Teilnehmern des Songcontests ausgebuht und ausgepfiffen.

Die Sache hat ein Nachspiel. In einer vom »Tagesspiegel« eingeholten Stellungnahme verteidigte Zentralratspräsident Josef Schuster die Jugendlichen. Hier habe sich »lange aufgestauter Frust deutlich entladen«, und dies sei die »Konsequenz der Entwicklungen im deutschen Kulturbetrieb der vergangenen Jahre«.

Im weiteren Verlauf veröffentlichten prominente jüdische Kulturschaffende, darunter Daniel Barenboim, Meron Mendel, Daniel Cohn-Bendit oder Rachel Libeskind, einen offenen Brief: »Claudia Roths politische Biografie kündet unmissverständlich vom lebenslangen Engagement gegen Antisemitismus und Rassismus.« Gegen diesen Rückhalt für Roth bezogen wiederum 160 Juden ebenfalls in einem offenen Brief Stellung. Claudia Roth selbst reagierte mit den Worten: »Ich nehme die Kritik an, weil wir eine starke und eine bunte und eine mutige Demokratie sind.«

Im November 2023 zitierte meine Kollegin Ayala Goldmann im Zuge der Diskussion um eine mögliche neue Abstimmung zur BDS-Bewegung, die Grünen-Politikerin mit den Worten: »Die Frage zu einer neuen Abstimmung ist rein hypothetisch. Bei jeder Abstimmung kommt es auf den genauen Text an.« Und weiter: »Jetzt muss ich feststellen, dass sich die BDS-Bewegung in den vergangenen Jahren zunehmend radikalisiert hat.« Wirklich erschreckend aber sei, »wie Unterstützer der BDS-Bewegung die Terrorattacken der Hamas relativiert haben. Vor diesem Hintergrund sehe ich die BDS-Bewegung heute noch viel kritischer.«[27]

Ayala kommentierte: »Masal tov! Späte Einsicht ist besser als keine.«

Etwa zeitgleich trat die israelische Malerin, Philosophin und Psychoanalytikerin Bracha Lichtenberg Ettinger von der Findungskommission der documenta 16 zurück, ebenso wie der indische Schriftsteller, Kulturtheoretiker, Kunstkritiker und Kurator Ranjit Hoskoté, dem vorgeworfen worden war, im Jahr 2019 eine Petition des indischen Ablegers der antisemitischen BDS-Bewegung unterzeichnet zu haben. Kurz darauf lief die Nachricht über den Ticker, dass die Findungskommission der documenta komplett zurücktritt.

Es hat sich nicht viel geändert. Der »Judenknax« ist bei Linken immer noch allgegenwärtig. Claudia Roth steht als Politikerin, ausgestattet mit Pfründen und einem Wählerauftrag, mit ihrer den Antisemitismus relativierenden Haltung stellvertretend für ihr politisches Milieu. Genau genommen für möglichst viele Wählerinnen und Wähler. Sie beherrscht den deutschen Katechismus nach 1945 virtuos: sowohl als auch.

Der Mensch Claudia Roth ist sicher keine Antisemitin. Das stand auch nie zur Debatte. Aber in ihrer Funktion als verantwortliche Kulturpolitikerin öffnete sie für große Teile des Bürgertums einer als Kunst kaschierten Form des Antisemitismus und einer klar judenfeindlichen »Israelkritik« Tür und Tor.

Nicht mehr und nicht weniger.

Gleichgültigkeit bei Judenhass? Sofern er nicht von rechts, sondern von links und aus dem Globalen Süden kommt, Augen zu und durch!

KAPITEL 4

»Hab' ich doch gesagt, Elke!«

(Dieses Kapitel enthält Beschreibungen des Massakers in Israel am 7. Oktober 2023.)

Die Maschine startet am Sonntag, 10:30 Uhr, vom Regierungsterminal 5 in Richtung Israel, Oman und Katar. Die Abflughalle verfügt über eine eigene S-Bahn-Station, weit abgelegen im militärischen Teil des Flughafens BER. Dort steht der Airbus A350 der deutschen Luftwaffe. Alles an diesem Ort hat etwas Staatstragendes. Hier reist die Bundesrepublik Deutschland, so steht es auf der strahlend weißen Maschine über den schwarz-rot-goldenen Streifen. Gepanzerte Limousinen mit Blaulicht und Bundesadlerkennzeichen rollen bis an die Gangway.

Ihnen entsteigen Frank-Walter Steinmeier in Begleitung seiner Frau Elke Büdenbender, die Präsidentin des Deutschen Bundestages Bärbel Bas, mehrere Dutzend BKA-Beamte und Präsidialmitarbeiter sowie Steinmeiers Protokollchef und Pressestab. Mit dabei sind rund zehn Hauptstadtjournalisten von ARD, ZDF und

Deutschlandfunk bis FAZ, »Bild«, »Welt« und »stern« – und ich.

Ich war mit Steinmeier schon in der Ukraine unterwegs, kurz vor Ausbruch des Krieges. In Kiew und Babyn Jar, wo 1941 innerhalb von zwei Tagen mehr als 33 000 jüdische Männer, Frauen und Kinder ermordet worden sind. Später war ich mit ihm in Polen.

Für die Hauptstadtjournalisten haben diese Reisen immer etwas von einer Klassenfahrt. Sie sind eine eingespielte Truppe. Ich komme von einer kleinen Zeitung, und ich bin auch noch Jude. Ich gehöre nicht dazu. Sie sind etwas distanziert und trotz ihres selbstbewussten Auftretens diesmal zugleich verkrampft, vielleicht, weil sie Angst haben, etwas falsch zu machen.

Ich kann Steinmeier nicht ernst nehmen. Schon als Außenpolitiker war er eine glatte Fehlbesetzung. Bei allen wichtigen Themen lag er verlässlich daneben. Russland, Wandel durch Handel, billiges Gas – jedes Mal krachend gescheitert. Steinmeier, einer der Architekten der deutschen Russlandpolitik, hat den Karren mit seiner Annäherung an Moskau an die Wand gefahren – wirklich selbstkritisch reflektiert hat er es bis heute nicht. Auch das haben ihm ukrainisch- und russischstämmige Juden in den jüdischen Gemeinden in Deutschland nicht verziehen. Iran: deutsches Wirtschaftsinteresse sticht Homosexuelle, die an Baukränen aufgeknüpft werden. An jedem Holocaust-Gedenktag wird Steinmeier nicht müde, das viel zitierte »Nie wieder!« und »Judenhass hat keinen Platz in Deutschland« bedeutungsschwer vorzutragen. Dass der Iran Israel auslöschen will und den Terror gegen den jüdischen Staat maßgeblich finanziert? Anscheinend nicht so wichtig. Hinzu kommt das deutsche Abstimmungsverhalten bei den Vereinten Nationen. Trotz angeblicher Staatsräson stimmte Deutschland unter Steinmeier als Außenminister nie gegen eine israelfeindliche Resolution.

Dass Steinmeier politisch auf ganzer Linie versagt hat, diesen Eindruck teilen fast alle mitreisenden Journalisten. Ich finde das bemerkenswert. Weil ich es von ihnen noch nie gelesen habe. Viele machen Witze über ihn, hinter seinem Rücken. Sie sagen: Jetzt fährt der sozialdemokratische Emir aus Westfalen zum Sultan nach Oman. Stimmt. Aber warum schreibt das niemand? Was ist los mit den Journalisten in diesem Land?

Ich kann Steinmeier nicht ernst nehmen, aber wir müssen ihn ernst nehmen. Ein Bundespräsident hat »nur« das Wort als Macht. Aber ein Politiker wie Steinmeier ist mächtig. Als ehemaliger Außenminister und Vizekanzler erst recht. Wir sitzen ganz hinten, er ganz vorn. Und das ist auch so eine komische Sache: Das Essen ist wirklich vorzüglich bei der Luftwaffe, man freut sich regelrecht darauf, es mag ein Zufall sein, aber kaum ist es auf dem Teller, kommt bei Reisen mit Steinmeier jedes Mal pünktlich ein Mitarbeiter des Bundespräsidenten nach hinten zu uns Journalisten.

»Der Bundespräsident lädt zum Hintergrundgespräch!« Mahlzeit.

Alle drängen nach vorn. Er sitzt in seinem Chefsessel, sein Stab um ihn herum, in einem sehr kleinen Raum.

Manche Journalisten finden Platz auf dem schmalen Sofa, der Rest steht. Eine intime Situation. Frau Büdenbender sitzt immer an seiner Seite, auf der Lehne des Sessels. Steinmeier wird oft als »bodenständig« beschrieben, dabei hat er die Gesten der Macht längst verinnerlicht. Das gravitätische Sprechen. Die Bedeutungsschwere des Monologs.

Zwischenmenschlich, beziehungsdynamisch: Seine Frau wirkt ihm sehr zugetan. Sie nickt in regelmäßigen Abständen. Er wirkt leicht genervt, will das vor einem Dutzend Journalisten aber nicht zeigen. Sie hat protokollarisch keine Sprechrolle, möchte nach 20 Minuten jedoch etwas beitragen, tut es dann auch, worauf er ihr ins Wort fällt: »Hab' ich doch gesagt, Elke!«

Diese Hintergrundgespräche finden statt auf dem Weg von Berlin nach Tel Aviv, von Doha nach Katar und von Katar nach Berlin. Jeder Hintergrund wird immer länger, und beim letzten redet Steinmeier mehr als 50 Minuten lang und rutscht dabei auf dem Sessel hin und her, bevor wir Journalisten Fragen stellen dürfen.

Er habe mit dieser Reise gewartet – sieben Wochen, um genau zu sein, und sie findet nach der von Annalena Baerbock und Olaf Scholz statt –, er will mit ihr ein Zeichen setzen. Vorher hätte er nur gestört, die operative Hilfe sei Sache von Außenministerin und Kanzler. Wichtiger sei es, jetzt an der Seite des jüdischen Staates zu stehen, wenn im Laufe der Luftangriffe und der Bodenoffensive die Stimmung Israel gegenüber weltweit kippt.

Das kann ich nachvollziehen. Der Krieg der Bilder ist längst zugunsten der Hamas entschieden. Je länger er dauert, desto lauter sprechen die Bilder getöteter Zivilisten, Frauen und Kinder in Gaza für die Terroristen, obwohl die ihre eigenen Landsleute bewusst als Schutzschilde einsetzen. Dieses Zeichen, das Steinmeier jetzt setzt, sollte selbstverständlich sein. Aber es ist in Deutschland nicht populär.

Und er macht es trotzdem.

Dies ist das erste Mal, dass ich etwas Positives über ihn schreibe.

Dabei war seiner Nahostreise noch ein weitgehend unerwähntes Detail vorangegangen. »Krieg in Nahost – Gespräch mit aus dem Gaza-Streifen ausgereisten Deutschen«, ließ der Bundespräsident die Bundesbürger auf seiner Website wissen: »An dem Gespräch nahmen teil: Hazim Lulu und Karin Lulu, lebten seit 30 Jahren in Gaza-Stadt; Ehab Rayan und Alaa Rayan mit Kindern, lebten seit 9 Jahren in Gaza«, und so weiter, alle »vom Krieg überrascht«. Und jetzt kommt es: »Dr. Ahmed Abunada, Chefarzt für Gefäßchirurgie am Al-Shifa-Krankenhaus in Gaza, lebte seit 8 Jahren in Gaza.« Bildtermin bei der Begrüßung.[28]

Ich konnte vor dem Abflug nicht schlafen. Um 2:34 Uhr las ich einen Post:

»Dass der deutsche Bundespräsident Steinmeier (SPD) ernsthaft diesen Oberarzt eines Krankenhauses, das mit der Hamas 24/7 zusammengearbeitet hatte, in sein Schloss einlädt, seine Hände schüttelt, mit ihm am Tisch sitzt, das ist der neue Tiefpunkt der ›deutschen Staatsräson‹«, schrieb die »Welt«-Journalistin Zara Riffler auf X.[29] Ihre Empörung kann ich nachvollziehen:

Unter dem Krankenhaus befand sich in Tunneln eine Terrorzentrale der Hamas. Ins Krankenhaus wurden zudem vor den Augen zahlreicher Ärzte Geiseln aus Israel verschleppt – nicht um sie zu behandeln, sondern um sie zu verstecken.[30]

Tel Aviv, Flughafen Ben Gurion.

14 Grad, es ist dunkel.

Der Termin mit Staatspräsident Isaac Herzog in Jerusalem steht an. Die Kolonne fährt mit Blaulicht und aberwitziger Geschwindigkeit, gerät aber immer wieder ins Stocken und landet schließlich im Stau, weil sich die israelischen Autofahrer um Staatsbesuche nicht scheren. Jerusalem erkenne ich nicht wieder. Ich habe noch nie so wenig Leute auf den Straßen erlebt und eine derart depressive Stimmung gespürt.

Israelis sind laut, besserwisserisch, distanzgemindert, neugierig. Ich habe sie noch nie so leise gesehen.

Im Präsidentenpalast junge Soldatinnen, Finger am Abzug. Für die deutschen Journalisten immer noch kein selbstverständlicher Anblick. Steinmeier wird nicht müde, »mein Freund Isaac Herzog« zu sagen. Er kumpelt ohne Ende. Wenn man mit Herzogs Umfeld spricht, heißt es: Ja, die mögen einander, aber Steinmeiers Israel- und Iranpolitik sei trotzdem eine Katastrophe.

Ich stelle mir die Frage, ob er im Iran genauso oder so ähnlich auftritt wie hier?

Der Iran trägt seit 1979 maßgeblich zur Instabilität des Nahen Ostens bei. Die »Befreiung« Jerusalems von den Zionisten ist in Teheran Staatsräson. Bei jedem Freitagsgebet wird das in den Moscheen wiederholt. Der Grünen-Chef und gebürtige Iraner Omid Nouripour hat mir erzählt, wie er als Kind jeden Tag für die Auslöschung Israels beten musste. Am letzten Tag des Ramadans wird dazu aufgerufen, weltweit dafür auf die Straße zu gehen. Von Berlin über Boston bis Beirut folgen jedes Jahr weltweit Millionen Muslime und andere Israelhasser diesem Aufruf.

Es war nie ein Geheimnis, dass Teheran die Hamas, die Hisbollah und Terroraktivitäten im Westjordanland unterstützt, doch Steinmeier pflegte als Außenminister trotzdem enge Beziehungen zu den Iranern, versprach, dass es ein Atomprogramm geben solle, und er machte sich stark für deutsche Handelsinteressen.

Noch 2019, zum 40. Jahrestag des Umsturzes und ihrer Machtergreifung, hatte Steinmeier den Mullahs ein Telegramm geschickt: mit »herzlichen Glückwünschen« – »auch im Namen meiner Landsleute«. In meinem und im Namen der jüdischen Gemeinden, auf die der Iran immer wieder Anschläge plant, tat er das jedenfalls nicht.

Das ist die Heuchelei des Frank-Walter Steinmeier: Am 9. November und anderen Gedenktagen sagt er »Nie wieder«, aber an allen anderen Tagen tritt er für Geschäfte mit dem Iran ein. Neben Claudia Roth, die dem Antisemitismus auf der documenta Tür und Tor öffnete, gibt es keinen Politiker, der bei deutschen Juden verhasster wäre. Steinmeier steht stellvertretend für viele Politikerinnen und Politiker des linken Establishments wie auch anderer Parteien. Er verkörpert den vielleicht sichtbarsten Ausdruck einer deutschen Haltungslosigkeit, die sich in wohlfeilen Floskeln ergeht – und zugleich einen maximal niedrigen Widerstandswert im Windkanal aufweist. Hauptsache an der Macht bleiben und Geschäfte machen.

Plötzlich meldet sich mein Handy.

Mein Freund beim israelischen Militär sagt ab. Ich hatte mich auf ihn gefreut. Er arbeitet für Präsident Herzog, und ich wusste, dass er für die Steinmeier-Mission eingeteilt worden war. Er sollte die deutsche Delegation durch einen der Kibbuzim nahe der Grenze zu Gaza begleiten. Unter höchster Geheimhaltung steht noch nicht fest, welchen Kibbuz der Tross besuchen wird – trotz Feuerpause und Austausch von israelischen Geiseln für die dreifache Anzahl inhaftierter Palästinenser. Bei der Hamas darf man nicht mit Rationalität rechnen. Sie könnten jederzeit Raketen auf die Deutschen feuern.

Und jetzt sagt mein Freund ab. Er nennt mir den Grund: Er möchte Steinmeier nicht begegnen. Ihm nicht die Hand schütteln müssen. Bilder mit ihm produzieren. Stattdessen entschied er sich, Bundestagspräsidentin Bärbel Bas zu begleiten, auch weil er sie noch nicht kennt und sie nicht so gut Englisch spricht. Ihre Delegation besucht einen anderen Kibbuz.

Schade. Ich verstehe ihn.

6:15 Uhr. Abfahrt zum Kibbuz Be'eri. Herzog ist dabei. Von Jerusalem in den Süden ist es nicht weit. Das Mobilnetz wird kurz vor Be'eri von einem Störsender blockiert. Wir sollen niemandem mitteilen können, wo wir sind. Der Kibbuz liegt Luftlinie drei Kilometer von Gaza entfernt. Panzer, viele Scharfschützen.

Wir müssen kugelsichere Westen tragen. Die BKA-Leute sind angespannt. Sie informieren uns: Wir passen nicht auf euch auf. Nur auf unsere Schutzpersonen. Die Israelis übernehmen das. Ein Kollege sagt: »Zum Glück. Bei denen sind wir sicher.«

In dieser Situation höre ich keine Witze mehr von den Hauptstadtjournalisten. Auch ich habe Angst. Nicht vor den Raketen, sondern vor dem Grauen im Kibbuz. Ich bin jüdisch, und ich weiß: Das hier galt auch mir. Das galt uns allen. Der 7. Oktober hat fast alle in den jüdischen Gemeinden traumatisiert.

Ich habe Angst davor, die Bilder in diesem Kibbuz zu sehen.

Es ist noch schlimmer als erwartet.

Es stinkt. Überall Rauch, wie in einem Kriegsgebiet. Die Kibbuzim sind eigentlich Paradiese, überall im Land, und besonders im Süden. Die Mörder haben sie in eine Hölle verwandelt. Die Häuser sind von Kugeln durchsiebt. Andere sind komplett niedergebrannt. Als hätte jemand eine Bombe hineingeworfen und danach wäre ein Orkan darübergewütet. Genau das ist auch passiert. »Hier ist Palästina«, »Free Palestine« schrieben die Terroristen auf viele Häuser.

Vivian Silver war 74 Jahre alt und eine bekannte Friedensaktivistin. Einmal in der Woche fuhr sie nach Gaza und brachte Kinder, die dort keine medizinische Behandlung bekamen, in Krankenhäuser nach Israel. Sie machte sich stark für den Dialog und eine Zwei-Staaten-

Lösung, sie verachtete die Regierung von Premier Netanjahu. So sind die Kibbuz-Bewohner: Sie sind links, viele sozialistisch, und sie wollen friedlich Seite an Seite mit den Palästinensern leben.

Es dauerte vier Wochen, bis ihre Identität festgestellt war. Anhand ihrer Zähne. Das Einzige, was von ihr übrig ist, sind zwei Zähne. Der Rest ist Asche. Die Hamas-Terroristen verbrannten Vivian Silver.

Frank-Walter Steinmeier hört zu, den Soldaten, Präsident Herzog. Er selbst sagt kein Wort. Ab und an stellt er Fragen. Er ist bleich, fassungslos. Man kann sich dem Grauen nicht entziehen. Die Häuser sind klein, es liegen noch Puppen und Kuscheltiere in den blutverschmierten Betten der Kinderzimmer. Leute aus Gaza, die hier arbeiteten und mit den Kibbuzniks gut klarkamen, drangen direkt nach den Angriffen in die Häuser ein. Sie klauten Kühlschränke und andere Gebrauchsgegenstände und gingen wieder über die Grenze. Manche verrieten den Terroristen Verstecke. Stapel mit Rechnungen auf dem Schreibtisch. Zahnputzbecher vor dem Badezimmerspiegel. Mama, Papa, Kind. Die Menschen wurden aus ihrem Leben gerissen und selbst, wenn sie überlebt haben, wird es nie wieder so sein wie zuvor.

Israel wird nie mehr sein, wie es war.

In einem anderen Haus wohnte eine Familie mit drei Kindern. Sie flüchtete in den eigenen Schutzraum. Der Vater war bewaffnet. In diesem Moment wurden über 1000 Raketen auf Israel abgefeuert. Sie dachten: Es ist wieder einer dieser Raketenangriffe, mit denen sie seit Jahren leben. Der Schutzraum ist ausgelegt gegen Raketen von oben. Er schützt nicht gegen Eindringlinge von vorne oder hinten.

Der Vater feuerte das Magazin leer. Die Terroristen kamen rein. Sie vergewaltigten die Mutter. Vor den Augen der Kinder schnitten sie ihr die Brüste ab und vergewaltigten sie weiter. Danach schossen sie den Kindern in den Kopf. Und zuletzt dem Vater.

Es ist alles dokumentiert. Es ist zu viel. Es ist mehr, als man ertragen kann.

Die Terroristen trugen Bodycams und nahmen ihre unmenschlichen Gräueltaten selbst auf. Die Enthauptungen von Kindern. Das Schlachten der Babys, ihr Verbrennen bei lebendigem Leib. Sogar die Vergewaltigungen von Leichen.

Es ist die Strategie der Terrororganisation Islamischer Staat, die sich die Hamas-Terroristen abgeschaut haben: größtmöglichen Schrecken verbreiten. Sie stellten ihre Taten ins Netz. Schickten sie als WhatsApp auf die Handys Hinterbliebener. Das Kriegskabinett der Regierung ließ diese Bilder in einem Video zusammenstellen. Ein Dokument, das es in der Geschichte nie zuvor gegeben hat: Livemitschnitte des Mordens.

Journalisten konnten die Aufnahmen sehen. Sie wurden unter anderem in der israelischen Botschaft in Berlin gezeigt. Frank-Walter Steinmeier hatte sie sich nicht angesehen. Ich kann jede Privatperson verstehen, die diese Bilder nicht sehen möchte. Verantwortliche Politiker sollten es tun. Ich habe Ausschnitte daraus gesehen. Ich bin seitdem nicht mehr derselbe.

Am Abend trifft Steinmeier mit Premierminister Benjamin Netanjahu zusammen. Der zeigt ihm das Video. Nach zehn Minuten bittet Steinmeier darum abzubrechen. Dem wird stattgegeben. An der Stelle, an der ein Terrorist einem Soldaten mit einem stumpfen Messer den Kopf abtrennt.

Es fällt mir schwer, über Gefühle zu reden. Jahrelang hatte ich nicht geweint. Das letzte Mal, als mein Vater starb. Seit dem 7. Oktober kommen mir oft Tränen. Manchmal in absurden Situationen. Einfach so. Ich habe zugleich Mitleid mit den Kindern und Erwachsenen in Gaza. Es macht mich fertig.

Diese Trauer um die Zivilbevölkerung in Gaza macht auch die Israelis fertig. Es gibt diesen sehr klugen Satz von Golda Meir: »Niemals werden wir es den Arabern verzeihen, dass sie uns zwangen, ihre Söhne umzubringen.« Ich habe Verwandte im israelischen Militär. Sie wissen, sie müssen sich selbst verteidigen. Sie müssen die Hamas auslöschen, um Israel zu schützen und weitere Attacken der Hamas ein für alle Mal zu unterbinden. Sie tun alles, um zivile Opfer zu vermeiden. Aber sie wissen auch: Sie laden Schuld auf sich, auch wenn sie es um alles in der Welt vermeiden wollen.

Das haben die Terroristen geschafft.

Mein Blick auf Israel hat sich verändert. Ich habe lange Zeit den Satz »Israel ist unsere Lebensversicherung« als

Folklore abgetan. In den letzten Jahren habe ich den Satz erst verstanden – unter dem Eindruck eines zunehmenden muslimischen Antisemitismus und dem Aufstieg der Rechtsextremen, die ganz offen ankündigen, Millionen Deutsche mit Migrationshintergrund ausweisen zu wollen. Also auch mich. Ja, es gibt immer Israel, dachte ich. Wenn alle Stricke reißen, gehst du dahin, mit deiner Familie. Dort haben wir uns immer sicher gefühlt. Der 7. Oktober hat das verändert. Diese Option ist vom Tisch. Zumindest erst einmal. Auch das haben die Terroristen geschafft.

Die meisten Israelis wollen in Frieden leben und befürworten eine Zwei-Staaten-Lösung. Die Botschaft der Hamas ist klar: Alles hier ist Palästina. *From the River to the Sea*. Keine Koexistenz. Keine Zwei-Staaten-Lösung. Keine Gefangenen. Alle werden getötet. Auch Babys, Kinder, Frauen, alte Menschen. Aber die Israelis können nirgendwo anders hingehen. Sie werden bleiben. Sie werden nicht den Schwanz einziehen. Aber sie haben Angst. Und genau dies freut, man muss es fassungslos sagen, auf perfide Weise viele Menschen auf der ganzen Welt.

Eine Scheißsituation.

Schnell getaktet zum Flughafen. Ohne Verzögerung in den Oman.

Dort will der Bundespräsident über den Iran sprechen, ausgerechnet. Sonnig, 30 Grad. Der Oman wird gern als die Schweiz des Nahen Ostens bezeichnet. Es ist ein lupenreiner Polizeistaat. Im Sultanat lebt kein einziger Jude. Das Militär ist omnipräsent. Ein Gesetz schreibt bei Strafe vor, dass man sein Auto stets vom Staub befreit halten soll. So sieht es auch aus. Es ist alles sauber und riecht gut, als würden Arbeiter täglich die Landschaft kärchern und die Autobahn parfümieren. Die ist natürlich gesperrt: Unsere Delegation rast mit 160 Sachen darüber, aber die Radarfallen sind noch in Betrieb. Bei rund 20 Fallen und 50 Autos kneifen wir die Augen zu, um nicht zu erblinden.

Über Handy schon mal eine Ankündigung an die Kollegen in Berlin: »Ich schreibe gleich auf dem Weg zum Sultan, sind in Oman. Vielleicht schreibe ich aber auch nachher beim Emir in Katar.« Entschuldigung. Aber solche Christian-Wulff-Sätze wollte ich schon immer mal sagen. Die Redaktion möge mir verzeihen.

Wir besuchen eine Moschee, eines der schönsten Gebäude, die ich je gesehen habe. Wir treffen den Sultan in seinem Palast. Vorher müssen wir die Handys abgeben und bekommen eine Ansage: Der Sultan mag keine Journalisten. Er will uns nicht sehen. Pressevertreter sind in der arabischen Welt nicht sonderlich geschätzt.

Wir werden also bei jeder Bewegung der Delegation auf den roten Teppichen von Wächtern mit eindrucksvollen Krummsäbeln in eine andere Ecke manövriert, sodass der Sultan unseren Anblick nicht ertragen muss. Steinmeier und der Sultan ziehen sich zurück. Danach verkünden sie Diplomatie *at its best*: Der Sultan werde seinen Einfluss geltend machen, um auf den Iran einzuwirken.

Ergiebig ist das nicht. Luxushotel, durchatmen, Spa. Dummerweise hat gerade der Sänger Gil Ofarim im Leipziger Verleumdungsprozess gestanden. Der Mann hat eiskalt gelogen. Arschloch, denke ich. Der Hotelmitarbeiter in Leipzig war völlig fertig. Er stand zwei Jahre unter Verdacht, ein Antisemit zu sein.

Statt über Steinmeier nachzudenken, gebe ich nun deutschen Medien ein Interview zu Ofarim nach dem anderen.

In Katar kommt es zu einer Protokollpanne. Keiner der Journalisten kann sich einen Reim darauf machen. Selbst jene, die seit 20 Jahren dabei sind, haben so etwas noch nicht erlebt. Steinmeier steht eine halbe Stunde wie der letzte Depp am Flughafen, und der Emir kommt nicht. Später wird er sagen, das Flugzeug sei zu früh eingetroffen, die Katarer seien nicht vorbereitet gewesen. Kaum glaubwürdig. Wenn so etwas passiert, gibt es dafür politische Gründe.

Aber welche? Der Protokollchef rennt aus der Maschine, Steinmeier geht persönlich an die Gangway und sieht hinaus, was auf den Bildern nicht gut aussieht. Er wirkt ausgesprochen verärgert. Er war acht Jahre Außenminister, er war Vizekanzler. Er ist zum zweiten Mal Bundespräsident, und alle Hauptstadtjournalisten sagen es: Er sei in all diesen Jahren sehr eitel geworden. Für ihn ist das Warten eine persönliche Kränkung, für die übrigen Deutschen ein politischer Affront.

Steinmeier ist in Katar, um den Emir zu ermuntern, seine Drähte zur Hamas zu nutzen, möglichst viele Geiseln freizubekommen. Katar ist ein ambivalentes Land. Sie spielen Good Cop, Bad Cop. Führer der Hamas leben dort als Milliardäre und unterhalten prächtige Büros, während die Bevölkerung in Gaza ihr Leben in größter Armut verbringt. Über die Verbindungen der Katarer gelangten Geldkoffer aus aller Welt nach Gaza, die vor allem für den Ankauf von Waffen verwendet wurden.

Zugleich wollen sie im Westen gut dastehen. Sie sind ein wichtiger militärischer Stützpunkt der USA in der Region und enger Handelspartner. Jetzt sind sie im Geiselgeschäft aktiv und erfolgreich. Aber sie haben die Ermordungen mitzuverantworten.

Am Morgen erfahre ich von Steinmeiers Pressestab, dass der Bundespräsident erbost sei. Er habe sich beim Frühstück über meinen Kommentar, der online erschienen ist, aufgeregt. Ich hatte Folgendes geschrieben:

»Fast kein Spitzenpolitiker wird von der jüdischen Gemeinschaft in Deutschland mit größerer Skepsis betrachtet als Bundespräsident Frank-Walter Steinmeier. Gründe dafür gibt es viele – die meisten fallen in Steinmeiers Amtszeit als Außenminister.

Unvergessen ist die Verneigung des Bundespräsidenten am Grab des Terroristen und früheren Palästinenserpräsidenten Jassir Arafat; auch an die unkritische Nähe Steinmeiers zur ›Palästinensischen Befreiungsorganisation‹ PLO und deren Chef, den Judenhasser und Holocaust-Leugner Mahmud Abbas, sei erinnert.

Viel Kritik zieht bis heute die Nachgiebigkeit Steinmeiers gegenüber dem Mullah-Regime in Teheran auf sich, dem größten Terrorexporteur in Nahost, der regelmäßig die Auslöschung Israels ankündigt …«

Vielleicht hat er hier schon aufgehört und gar nicht weitergelesen?

Ein paar Zeilen darunter heißt es nämlich:

»Umso erfreulicher sind die Worte, ja man muss sagen, die neuen Worte des Bundespräsidenten zum Selbstverteidigungsrecht Israels. Krisen machen ehrlich. Diese Reise gibt Anlass zu der Hoffnung, dass Steinmeier, anders als früher, wirklich zu Israel steht – und zwar ohne jede Einschränkung.«[31]

Aber vielleicht kann man es ihm auch nicht recht machen. Die Hauptstadtjournalisten können ein Lied davon singen. Sie klopfen mir plötzlich auf die Schulter: Da hast du dich aber was getraut, Junge, Respekt. Euer Ernst? Ist es nicht unsere Aufgabe, die Wirklichkeit zu beschreiben?

Ich habe auf dieser Reise einen neuen Frank-Walter Steinmeier erlebt. Einen Steinmeier, der einmal in seinem Leben Klartext gesprochen hat. Der dieses »Nie wieder« mit Haltung gefüllt hat und seines Amtes würdig war. Der in den Hintergrundgesprächen klare Positionen zu den zahlreichen antisemitischen Demonstrationen von Muslimen in Deutschland fand und ehrlich erklärte, unsere Situation sei nicht einfach, schließlich leben fünf Millionen Muslime in diesem Land, die alle eine sehr dezidierte Meinung zu Israel und Juden haben.

Diesen Frank-Walter Steinmeier hätte ich gern vor 15 Jahren kennengelernt. Bedurfte es erst dieses Massakers, damit deutsche Spitzenpolitiker wie er umdenken? Damit sie verstehen, wie Israels Nachbarn seit jeher ticken? Israel muss nur einen Krieg verlieren – und existiert dann nicht mehr. Die Hamas will ganz Israel und alle Juden weltweit auslöschen. Sie meinen es ernst.

Auf dem Hinflug hatte ich ihn gefragt, wie er dazu steht, dass die Solidarität mit Israel nach den Massakern vom 7. Oktober so schnell erodierte. Seine Reaktion war erstaunlich. Steinmeier sagte Sätze, die er so noch nie gesagt hat. Die er seit Jahrzehnten hätte sagen müssen. Er benannte klar, wer Aggressor ist. Er machte deutlich: Israel muss reagieren. Und: Wir unterstützen Israel. Diese Solidarität gelte »nicht nur dem Israel als Opfer des Terrors. Unsere Solidarität gilt auch dem Israel, das sich wehrt, das kämpft gegen eine existenzielle Bedrohung.«

Als ich ihn in Be'eri sah, am Ort des Schreckens, merkte ich, dass etwas mit ihm geschehen war. Dass er diese Sätze wirklich meint. Es ist einer der wenigen Momente gewesen, in denen ich einem Spitzenpolitiker wirklich etwas geglaubt habe.

Der deutsche Bundespräsident repräsentiert uns alle. Er signalisiert mit seiner Haltung, worum, wohin es geht. Seine Außenwirkung ist von großer Bedeutung. Und das gerade in Zeiten, in denen Antisemitismus in unserem Land wieder alltäglich wird – der muslimische, der rechtspopulistische wie der linke Antisemitismus.

Erst wenn die Politik, und ich meine damit die Menschen der Politik, erst wenn sie wirkliche Überzeugung ausstrahlen, statt Floskeln herunterzubeten, werden wir ihnen womöglich glauben und folgen. Politiker, stellte Joschka Fischer einmal fest, das seien »die Menschen mit den schmalen Lippen«. Vielleicht meinte er damit: weil sie so oft lieber darauf beißen, als ehrlich zu sein?

KAPITEL 5

Wedding ist überall

»Arye!«

»Philipp! Mann! Bruder! Schön, dich zu sehen …«

»Bist du aus Gaza zurück? Bist du sicher? Wie geht es dir? Erzähl!«

»Ich bin zurück. Wieder zu Hause. Alles gut.«

»Die Uniform, ich dachte …«

»Bin noch nicht dazu gekommen, mich umzuziehen. Kann auch sein, dass ich zwischendurch mal ans Handy muss …«

Es ist 20 Uhr. Ich sehe ihn auf Teams. Mein Freund Arye sitzt in seiner Küche. Seine Schulterklappen zeigen den Rang, Major. So kennen wir ihn: Arye Sharuz Shalicar ist einer von vier Sprechern der israelischen Armee (IDF). In bundesdeutschen Wohnzimmern ist er *das* Gesicht des Krieges in Nahost.

Wir haben uns zum Videogespräch verabredet.

Früher telefonierten wir regelmäßig, und wenn er in Berlin war oder ich in Israel, trafen wir uns. Zuletzt texteten wir vor allem, weil wir weniger Zeit als früher haben: er als Major im Krieg, ich als Chefredakteur, der die Berichterstattung über den Krieg koordiniert. Seit dem 7. Oktober schreiben wir uns fast täglich mehrmals. Zu einem richtigen Gespräch kamen wir lange nicht.

»Ich komme gerade aus Gaza, bin aber entspannt. Weil ich mit Medien unterwegs bin und nichts mit Kampfhandlungen zu tun habe. Da ist man von den Truppen gesichert …«

Sein Handy klingelt.

»… wart' mal kurz, ich muss da dran …«

Blubb.

Das Bild erlischt.

Arye wurde 1977 in Göttingen als Sohn persisch-jüdischer Eltern geboren. Er ist in Berlin-Wedding aufgewachsen, »im Ghetto«, wie er es nennt, als einziger Jude unter arabisch- und türkischstämmigen Muslimen. Das ging eine ganz Weile gut, so lange, bis es rauskam. Ähnlich wie bei mir. Arye kann aber ganz andere Geschichten von der Straße erzählen. Und hat das auch in seiner 2010 erschienenen Autobiografie getan: »Ein nasser Hund ist besser als ein trockener Jude. Die Geschichte eines Deutsch-Iraners, der Israeli wurde«.[32] 2021 kam seine Geschichte unter dem Titel »Ein nasser Hund« in die deutschen Kinos.[33]

Arye verfügt über das, was man *street credibility* nennt. Er war in Berlin Mitglied in mehreren Gangs. Bei den kurdisch-libanesischen »Kolonie Boys«, den türkischen

»Black Panthers« und der ethnisch diversen Gruppe »Berlin Street Gangsters«. Er war Hip-Hopper, Graffitisprayer und Rapper unter dem Künstlernamen Boss ARO. Er performte mit den Rap-Musikern MC Basstard, Manny Marc, MC Bogy oder Frauenarzt.

Ich kenne ihn seit mehr als zehn Jahren. Manchmal nenne ich ihn: die andere Perserkatze. Manchmal einfach: Bruder.

Er klopft wieder an.

»Aro, hörst du mich?«

»Ja! Seh' dich auch. Sorry. Die Hamas hat gerade ein Video von einer Geisel herausgebracht, wir müssen das hier bewerten und nach außen kommunizieren.«

Das Bild flackert leicht. Er trägt eine Brille, Haare kurz rasiert, Stoppelbart. Und da ist es wieder, dieses schalkhafte Lächeln in seinen Augen, das er sich bewahrt hat – trotz allem. Aber er wirkt strenger als beim letzten Mal, als ich ihn in Deutschland sah. Irgendwie härter. Nein: ernster. Das trifft es am besten.

Als ich damals Aryes Buch las, war es ein Augenöffner für mich. Es sind nicht alle Juden russisch und aus der ehemaligen Sowjetunion. Da ist jemand, der ist ungefähr in meinem Alter, auch persisch-jüdisch und sagt selbstbewusst: Hier bin ich, ich bin Jude, und ich lasse mich nicht unterkriegen! Ich fand mich damals in ihm wieder, auch in diesem Punkt: dass er eigentlich mit Muslimen besser klarkam als mit den Biodeutschen. Mir ging es genauso. Die Deutschen haben mich immer gefragt:

Du hast einen deutschen Namen, aber wo kommst du eigentlich her? Es war nicht immer interessiert gemeint. Es klang oft wie: Du gehörst nicht hierher!

Zurück zu Arye.

»Aro, das ist ja gerade die Tragik: Wir sehen aus wie sie, sie sehen aus wie wir, ich habe mich Muslimen oft näher gefühlt als Juden, und dann die große Enttäuschung, du wirst abgelehnt, weil du Jude bist, von Jungs, die cool sind und mit denen du dich eigentlich gut verstehst …«

»Bruder, es ist genau so, wie du sagst.«

»Dann ist es vorbei. Keine Freundschaft mehr. Nur noch: Scheißjude! Yahud! Was macht ihr da in Israel, Hurensohn?!«

»Ich hab' mich im Wedding so wohlgefühlt, weil alle ähnlich aussahen. Viele hatten das gleiche Temperament, wir spielten Fußball, und von der Art her waren mir die Türken besonders ähnlich. Und dann, als ich mich als Jude geoutet habe, hat sich mein Leben auf den Kopf gestellt. Weil viele mich plötzlich mit anderen Augen gesehen haben und nicht mehr bereit waren, mir die Hand zu schütteln, geschweige denn mir Küsschen zur Begrüßung zu geben. Sie drehten sich weg, feindeten mich an, bedrohten, bespuckten mich. Sie verfolgten mich, schlugen mich. Leute, die gestern noch freundlich zu mir gewesen waren oder wenigstens Hallo gesagt hatten. Nur bei meinen Freunden war es anders. Weil sie mich als Menschen sahen und das Judentum dabei nebensächlich war. Die ganzen zehn Jahre im Wedding war ich jeden Tag in diese Hassliebe verwickelt, und ich hatte sehr viele bedrohliche Situationen, wo ich gucken musste: Was ist meine Lebensstrategie auf der Straße? Wo du auch 'n kleinen Bruder und 'ne kleine Schwester hast und aufpassen musst, dass denen nichts getan wird.«

»Ja, Hassliebe, das trifft es. Nur, dass der Hass nicht von uns ausgeht.«

»Du musst dich irgendwo anpassen und dir Freunde machen, auch die harten Jungs irgendwie auf deine Seite ziehen. Teil ihrer Gangstruktur, ihrer kriminellen Welt werden, dich so anziehen wie sie, wie 'n Gangster, dich so benehmen wie sie, sprechen wie sie und kriminell werden wie sie. Genau das hab' ich gemacht.«

Arye machte aber auch Abitur. Den Grundwehrdienst bei der Bundeswehr absolvierte er als Sanitäter. Danach studierte er Politik-, Sozial- und Islamwissenschaften sowie Judaistik an der Freien Universität in Berlin. Er kommt aus einfachen Verhältnissen und wuchs säkular auf, so wie ich. Zunächst im bürgerlichen Bezirk Spandau, dann zog die Familie um. Erst im Wedding entdeckte er seine Jüdischkeit – und geriet in Lebensgefahr.

2001 wanderte er nach Israel aus. Gründe hatte er genug.

In Jerusalem studierte er weiter und legte in European Studies seinen Master ab. Er meldete sich freiwillig zur Armee und diente bei einer unterstützenden Einheit der Fallschirmjäger. 2009 wurde er Armeesprecher. Seit 2017 ist er Abteilungsleiter für Internationale Beziehungen im Büro des Ministerpräsidenten. Während der Gazakonflikte 2021 und nach den Massakern der Hamas am 7. Oktober 2023 wurde er als Sprecher der Reserve reaktiviert. Er hat zwei Kinder und lebt in der Nähe von Jerusalem.

Arye hat seinen Weg gemacht. Ich bewundere ihn.

»Aro, glaubst du, die Deutschen verstehen das? Diese permanente und wachsende Bedrohung durch den muslimischen Antisemitismus?«

»Ich sag dir ganz ehrlich: Viele verstehen das nicht. Viele Deutsche kennen keine Muslime oder die Parallel-Communities, besonders die harten Kieze nicht, Wedding, Neukölln, auch der Schöneberger Kiez gehörte damals dazu. Und dann verstehen sie auch deren Denke in Bezug auf Juden nicht. Der knallharte muslimische Antisemitismus, den ich in den Neunzigern kennengelernt habe, ist selbst für viele Juden erst jetzt Thema geworden. Ich rede seit zwanzig Jahren darüber und schreibe Bücher, halte Vorträge. Aber jedes Mal, wenn ich darüber gesprochen habe, hat mir auch leider der ein oder andere Jude Islamophobie vorgeworfen und versucht, mich in eine rechte Ecke zu stellen. Es gibt Leute unter den Deutschen, unter den Juden und auch unter den Muslimen, die nur über rechte Deutsche reden wollen.«

»Das Problem habe ich auch. Es ist viel zu lange weggeschaut worden. Und wenn ich das öffentlich sage, in einem Kommentar oder so, dann heißt es schnell: Ich würde das Geschäft der AfD betreiben. Das ist absurd. Es gibt Anschläge von deutschen Rechtsextremisten wie den in Halle *und* einen aufgebrachten Mob von jungen Migranten, der die Synagoge in Gelsenkirchen stürmen will, um ein Pogrom zu veranstalten.«

»Ja, warte mal kurz ...«

Blubb.

Arye Shalicar ist einer der wenigen Menschen, mit denen ich über diese Fragen, die mich nicht erst seit dem »Schwarzen Schabbat« am 7. Oktober beschäftigen, sprechen kann. Ich kenne kaum jemanden, der diese gesellschaftlichen Phänomene klarer benennen könnte.

Er lebt seit 20 Jahren in Israel, ist aber oft in Deutschland, in Berlin und auch im Wedding. Er kennt die Szene immer noch gut. Jedenfalls besser als ich, und ich will wissen, was sich dort seither verändert hat.

»Wir sind jetzt eine und eine halbe Generation weiter. Die Kids, mit denen ich aufgewachsen bin, waren keine radikalen Islamisten. Das ist der Unterschied. Es waren einfach arabische und muslimische Jugendliche, die wenig hatten, so wie ich wenig hatte. Die kamen aus Elternhäusern, wo man nur eines hatte: die eigene Ehre. Sie wollten sich Respekt verschaffen. Und es gab einige Dinge, die absolute No-Gos waren. Du durftest niemandes Mutter beleidigen oder die Religion, und du durftest nicht irgendwie mit Juden oder Schwulen in Verbindung gebracht werden. Somit hatte ich ein Problem. Sie waren von klein auf mit antijüdischem Gedankengut aufgewachsen, zu Hause und auf der Straße. Das ist heute anders. In den letzten 20 Jahren hat sich in Deutschland ein radikaler Islamismus breitgemacht, auch durch Leute wie Pierre Vogel und andere, die sich teilweise an radikalislamistischen Organisationen wie dem Islamischen Staat oder der Hamas orientieren. Das hat nicht nur die Haltung gegenüber Juden radikalisiert, sondern auch dazu, wie sich Frauen zu verhalten haben. Freizügige Frauen, Christen, Schweinefleischesser, Schwule und Lesben und überhaupt ein freies westliches Wertesystem – das sehen sie als Beleidigung an, obwohl sie auf deutschem Boden leben.«

»Pierre Vogel gilt aber als so etwas wie ein Wegbereiter für alle möglichen Konvertiten und Radikale ...«

»Der ist nur ein Beispiel. Es gibt noch andere. Die sind radikalislamistisch unterwegs und würden jetzt vielleicht nicht selbst das Messer in die Hand nehmen, aber die Art, wie sie predigen, erzählen, polarisieren – damit stacheln sie eine ganze Generation von Kindern in Deutschland an. Das ist diese TikTok-Generation von Zehn- bis 15-Jährigen, die nicht darauf hören, was ihre Eltern, Lehrer, die Polizei oder der Richter ihnen erzählen, sondern in erster Linie, was sie von diesen krummen Leuten beigebracht kriegen. Irgendwelche fanatischen TikToker, für die alles andere als der radikale Islam Dreck und Unehre ist.«

»Wie erklärst du dir eigentlich, dass es so eine schräge Allianz gibt zwischen Linken und radikalen Muslimen? Warum blendet die Linke bis heute zwanghaft aus, dass Migranten nicht zwangsläufig Heilige sind, sondern auch andere Minderheiten massiv diskriminieren können?«

»Für die Linke sind die USA identisch mit Israel. Und wir Israelis sind angeblich die Starken mit einer starken Armee. Die anderen sind die Underdogs. Das fing damals schon bei der PLO und den 68ern an. Das waren für sie alles irgendwelche Friedens- und Freiheitskämpfer. Was absoluter Schwachsinn ist. Genauso verhielt es sich vor 1948, alle Palästinenser waren Freiheitskämpfer. Aber diese sogenannten Freiheitskämpfer wollten alle Juden ins Meer jagen. Sie wollten nicht Seite an Seite in Frieden leben. Sie wollten einen einzigen arabisch-muslimischen Staat ohne Juden. Genau das ist das Problem, dem wir heute noch gegenüberstehen. Und wenn linke Studenten mit radikalen Islamisten gemeinsame Sache machen, mit ihnen auf die Straße gehen und ›Free Palestine from the River to the Sea‹ singen, dann sind wir heute wieder da, wo wir 1947 waren, als der UN-Teilungsplan gesagt hat: halbe-halbe. Sie sind prinzipiell gegen Amerika und Israel und sehen auf der anderen Seite nur Opfer, nur arme Menschen. Und der ganze radikal-islamistische Terror, die Diktatur, wie man dort mit Frauen umgeht, mit Schwulen, Lesben, Christen, Juden, das ist alles nebensächlich.«

»Glaubst du, dass die deutschen Politiker jetzt aufgewacht sind und endlich mal Klartext reden?«

»Manchmal gibt es Lichtblicke. Positiv aufgefallen ist mir Michael Roth.[34] Der ist mit dem Herzen dabei, so wie er mit dem Herzen bei der Ukraine ist. Das sind Menschen, die ihre Worte auch in Taten umsetzen. Aber es sind wenige. Viele sind zu sehr mit ihrem eigenen Wählerkreis und anderen Dingen beschäftigt, dem Bundeshaushalt oder sonst etwas. Das ist in Israel nicht anders. Dinge, die im Ausland geschehen, kriegt man eher nebenbei mit.«

»Vielleicht auch deshalb, weil man mit einer proisraelischen Haltung in Deutschland nicht viele Wähler gewinnen kann?«

»Das Absurde ist, dass die Islamisten immer sagen: Deutschland ist mega pro Israel! Die deutschen Medien behandeln Israel nur positiv! Die drehen das um. Wir nehmen das Gegenteil wahr. Höchstwahrscheinlich ist die deutsche Politik am liebsten immer irgendwo in der Mitte. Das sieht man auch an den Abstimmungen Deutschlands bei den UN. Häufig wird sich enthalten, statt klar auf der Seite Israels zu stehen.«

»Was irre ist! Auf der einen Seite steht eine Terrororganisation und auf der anderen die einzige Demokratie in Nahost ...«

»Das Kalkül ist, dass man es sich mit niemandem verderben will, mit Katar zum Beispiel oder Iran. Dass man noch Kanäle hat, die Israel zum Beispiel nicht hat. Deutschland hält sich gern alles offen.«

»Aro, was mich interessiert: Wie schaust du auf uns? Also auf uns Juden in Deutschland?«

»Ach, ich bin ja auch Kind der jüdischen Community in Deutschland. Obwohl ich erst sehr viel später Juden kennengelernt habe, die in anderen Vierteln und Städten aufgewachsen sind. Ich kann nachvollziehen, dass man als Jude in Deutschland mittlerweile seine Probleme hat, weil sich die Weddinger Verhältnisse ausbreiten, in anderen Gegenden und Schulen angekommen sind. Moment ...«

Wieder klingelt sein Handy. Er unterbricht.

Diesmal dauert es nicht lange.

»Wo war ich?«

»Wedding ist überall.«

»Ja. Und genau davor habe ich damals gewarnt. Ich wusste, wenn ich in zehn oder zwanzig Jahren meine Kinder in die Schule schicke, muss ich Angst haben, dass sie heil nach Hause kommen. Das war der zentrale Grund, warum ich aus Deutschland weggezogen bin. Und in den jüdischen Gemeinden sind wie in vielen jüdischen Communities auf der Welt in der Regel nette Menschen, gebildet, zuvorkommend …«

»Haha, das klingt lustig, aber stimmt …«

»… aber sie sind selten Kämpfer. Und wenn man die Gegenseite betrachtet, ist da ein ganz hohes Gewaltpotenzial. Manche sind bereit, über Leichen zu gehen, und wenn sie Juden in die Hände bekommen, sind sie teilweise so blind vor Hass, dass sie Dinge machen, die lebensgefährlich sind. Das habe ich in meiner Jugend Hunderte Male mitbekommen. Und deshalb verstehe ich, dass Juden große Ängste und Sorgen haben. Ich würde mir manchmal wünschen, dass man sich in der jüdischen Community ein bisschen besser schützt. Und damit meine ich nicht Polizeischutz …«

»Du meinst, wir sollen alle boxen lernen …?«

»Ja, Selbstverteidigungskurse. Wenn man in bestimmte Bezirke geht, sollte man auch Freunde haben, die einen begleiten, die bereit sind, einem zur Seite zu stehen in Notfallsituationen. Dass man sich als Jude nicht allein fühlt. Ich habe mich allein gefühlt. Und mein

Schutz gegenüber radikalen Muslimen waren andere Muslime, zum Glück. Wenn diese, ich sag' jetzt mal ›guten‹ Muslime, diese Türken, Kurden, Iraner und teilweise arabische Clans nicht zu mir gehalten hätten, ich hätte die Zeit damals nicht überlebt.«

»Wir haben aber nur wenig mitbekommen von den vernünftigen Muslimen auf den Demos nach dem 7. Oktober, dafür viel von Terror verherrlichenden Muslimen, die auch die Ermordung von Juden gefeiert haben, mit Baklava und allem. Wie stark schätzt du den Einfluss der ›guten‹ Muslime ein?«

»Du musst einfach nur gucken, was passiert, wenn man sich als Muslim zu weit aus dem Fenster lehnt und diese Gruppen kritisiert. Dann kriegt man Polizeischutz. Ich werde auch jeden Tag bedroht, persönlich. Aus der Ferne.«

»Du bist oft im Fernsehen, bei Anne Will, bei Maischberger, und die Jungs gucken ja auch ab und zu Fernsehen ...«

»Ja, ich bin schon vorsichtig. In Peak-Situationen habe ich einen Begleitschutz dabei. Aber in der Regel bin ich bereit, mich zu prügeln. Das Problem ist, dass diese Antisemiten feige sind, sie kommen immer in Gruppen und immer mit Messern. Sie sind viele, sie sind zu allem bereit, und sie wollen auch keinen Dialog führen oder diskutieren. Sie wollen dir am liebsten ins Herz stechen.«

Sein Handy klingelt.

»Moment ...«

Er ruft wieder an.

»Sag' mal, du hast erzählt, dass du auf Social Media oft übelst beschimpft wirst. Reagierst du da drauf?«

»Ja, manchmal.«

»Warum?«

»Weil ich denke, vielleicht kann ich doch mit ihnen reden. Die Jungs sprechen natürlich kein Hochdeutsch. Die sind aus dem Kiez. Sie wollen auch nicht von jemandem aus einem besseren Bezirk belehrt werden. Und der Einzige, der mit ihnen auf Augenhöhe reden kann, ist der, der ihre Verhältnisse kennt. Von dem sie wissen: Der weiß, was ich durchmache, der kommt auch von hier. Und wenn einer mich anbimmelt, das kommt immer mal vor, und schreibt: ›Du Hurensohn, komm du nach Berlin, ich f… dich!‹, dann schreib' ich manchmal zurück: ›Du Hurensohn, komm du nach Israel, ich f… dich!‹ Dann geht das so zehn Mal hin und her. Ich f… deine Mutter, ich f… deine Schwester, ich f… deinen Onkel, deinen Clan, dein Land, und wenn irgendwann alle durchge…t sind, schreibe ich: ›Und was machst du so im Leben?‹ In der Regel kommt dann eine nette Antwort: ›Ja, Bruder, du weißt, es ist alles nicht so einfach, man schlägt sich so durch, du kannst dich ja auch erinnern, harte Straßenzeit, und so etwas.‹ Man muss sich erst abtasten und riechen, bis er versteht: Der ist eigentlich so wie ich, das ist kein Streberjude, sondern 'n Kanake wie ich. Und dann kann man auf einmal reden.«

Ich muss lachen.

»Philipp, wackelt das Bild?«

»Nein, alles gut so …«

Er justiert ein wenig herum.

»Besser?«

»Ja, gut. Aro, ich hab' diese Überlegungen, in Bezug auf meine Kinder. Du brauchst dir nur die demografische Entwicklung in Deutschland anzuschauen. Es gibt fast sechs Millionen Muslime und wir verallgemeinern nicht, aber wenn man sich diesen Antisemitismus heute anschaut und nochmal 20 Jahre weitergeht, bekomme ich nur noch mehr Angst vor dem Ausmaß des Judenhasses, als ich ohnehin schon habe. Wir sehen in Belgien, Frankreich und England, wie es dann ausschauen könnte. Wie siehst du das? Haben wir überhaupt noch eine Zukunft in Europa?«

»Ich muss mein Handy kurz aufladen.«

Arye verschwindet aus dem Bild. Als er sich wieder setzt, streicht er sich ein paar Mal über den Kopf.

»Äh, schwierig, ehrlich gesagt. Natürlich gibt es in Europa noch Gegenden, wo man normal leben kann, wenn gerade kein Krieg zwischen Israel und Arabern ist. Und man läuft ja in Deutschland auch nicht mit der Aufschrift ›Ich bin Jude‹ auf der Stirn herum. Sicher kann man ein normales Leben führen, wenn man in einer besseren Gegend wohnt, wo auch vielleicht der ein oder andere Jude lebt und es ein paar jüdische Kinder in der Schule gibt. Wo die Verhältnisse gemischt sind. Aber wenn man in den Problembezirken wohnt, die sich ja ausweiten, wird es schwierig. Du willst auch nicht in einem Land leben, in dem alle jüdischen Kinder nur auf eine einzige jüdische Schule gehen können, weil sie nirgendwo anders sicher sind. Und wenn man im Gemeindehaus erst tausend Patrouillen passieren muss, Zäune,

Kameras, ist das doch eine absurde Realität. Es ist immer das Schicksal der Juden gewesen. In 2000 Jahren Diaspora gab es eigentlich keinen Ort auf der Welt, wo wir einfach frei leben konnten. Wir sind angewiesen auf die Sicherheitsbehörden des jeweiligen Landes. In Israel gibt es auch Terror und Krieg. Aber hier habe ich das Gefühl, als Jude, als Israeli, dass sich meine Kinder in der Schule nicht rechtfertigen müssen. Keine Angst haben müssen, geschlagen zu werden. Sie können ganz normal als Juden aufwachsen und auch einen Davidstern am Kettchen tragen, wenn sie wollen.«

»Hast du jemals bereut, nach Israel gegangen zu sein?«

»Nein. Niemals. Ich bin sehr glücklich über diese Entscheidung. Ich habe mein Leben damit gerettet. Und mir ein normales Leben aufgebaut. Die Umgebung ist für meine Kinder auch gefährlich. Aber sie sind zu Hause, in der Heimat. Das ist jetzt 22 Jahre her. Und jetzt, wo du mich fragst, erst jetzt habe ich eine gewisse deutsche Identität für mich entdeckt. In Berlin war ich nur Kanake und Jude. Nicht Deutscher.«

»Ja, wir waren – eben nicht wirklich Deutsche, oder? Das kann man gut am Fußball festmachen. Immer wenn Deutschland gespielt hat, waren wir für die andere Mannschaft.«

»Warte mal kurz, ich muss da rangehen …«

Nach einer Weile klopft er wieder an.

»Ich will dich nicht zu lange aufhalten, Aro, du bist beschäftigt. Aber eine Sache noch: Bei jedem Zentralratspräsidenten hieß es bislang immer: Israel ist unsere

Lebensversicherung. Ich habe das immer ein bisschen abgetan, aber seit ein paar Jahren merke ich: Der Satz ist sehr ernst und richtig.«

»Weil Israel der einzige Staat ist, wo es eine jüdische Armee gibt, eine jüdische Führung, jüdische Feiertage, jüdische Polizei, jüdische Strände, Kinos oder Cafés. Und jeder Jude auf der Welt kann im Notfall packen und hierherkommen. Und der Notfall kann, das lehrt uns die Geschichte, jederzeit eintreten.«

»Danke, Bruder!«

»Weißt du was?«

»Was …«

»Ich habe da einen Traum.«

»Welchen …«

»Ich will, wenn das Mullah-Regime gefallen ist und Israel und der Iran einen Friedensvertrag geschlossen haben, Botschafter in Teheran werden. Der erste israelisch-persisch-deutsche Botschafter im Iran. Und du wirst mein Presse-Attaché … Bist du dabei?«

»Nächstes Jahr in Teheran!«

Mein Herz überschlägt sich. Wir lachen, zum ersten Mal wie früher, vor diesem schrecklichen Tag, dem 7. Oktober, der alles veränderte und nach dem nie wieder alles so sein wird wie zuvor. Am liebsten würde ich ihn jetzt umarmen.

Botschafter Israels in Iran: Wer weiß? So abwegig ist das vielleicht gar nicht.

Sein Handy klingelt.

Blubb.

KAPITEL 6

Ring frei

Am 14. Dezember 2023 treffen sich mehr als 1300 Jüdinnen und Juden aus ganz Deutschland im Berliner Hotel Intercontinental zum Jüdischen Gemeindetag. Auf dem viertägigen Programm steht so allerlei, die Tagesgebete Mincha und Maariv, das Anzünden der Chanukka-Kerzen, Panels über »Schwurbler und Verschwörungstheoretiker«, jüdische Zukunftsvisionen, junge Juden im Diskurs, ach ja, und natürlich auch: »Tatort Schule«, »Hass im Netz« oder »Die terroristische Bedrohung für jüdisches Leben in Europa«.

Von der Außenministerin und weiteren Ministern über den Bundeskanzler bis hin zum Bundespräsidenten haben sich alle angekündigt, die im politischen Berlin etwas zu sagen haben.

Aber vor allem ist dieser Gemeindetag 2023 eines: ein Lichtblick. Ein erstes Beisammensein nach den schrecklichen Ereignissen des 7. Oktobers; eine Möglichkeit zum Austausch, zum Verarbeiten des Traumas, Freunde zu treffen, und ja: auch um abzuschalten. Balsam für die jüdische Seele. Ich treffe Arye, der als Entsandter der israelischen Armee in Uniform zu den Keynote Speakern gehört. Wir umarmen uns.

Ich sehe auch meine Mutter wieder, sie ist aus dem Ruhrgebiet angereist. Es geht ihr nicht gut, sie schläft schlecht. Seit dem 7. Oktober ist sie in Gedanken mehr in Israel als in Deutschland. Sie bekommt natürlich mit, dass in Deutschland Juden massenhaft angefeindet werden. Hier erlebe ich sie zum ersten Mal seit Monaten gelöster, entspannter.

Die Stimmung ist gut, es wird gegessen und gelacht, trotz allem. Ich treffe Freunde, Bekannte, Leute, über die wir öfter in der Zeitung schreiben, und auch einen Rechtsanwalt, den ich gut kenne: Er ist in Begleitung von fünf Beamten des BKA.

»Was ist passiert?«, frage ich ihn.

»Ich habe im arabischen Fernsehen ein Interview zum Thema Antisemitismus gegeben«, sagt er und zuckt mit den Schultern. Kurz darauf habe er einen Anruf des BKA erhalten. Es gebe konkrete Hinweise auf einen Anschlag auf seine Person, ab sofort werde er Personenschutz erhalten. Bis auf Weiteres.

Auch ein prominenter Berliner Rabbiner erscheint in Begleitung von mehreren Beamten des Bundeskriminalamts. Er erklärt: Seit dem 7. Oktober bekomme er noch mehr Morddrohungen als ohnehin schon. Und das BKA möchte auf Nummer sicher gehen.

Wie soll das weitergehen: Muss künftig jeder Jude, der in der Öffentlichkeit steht, geschützt werden?

Passend dazu die Nachrichten, gleich in den ersten Stunden dieses Gemeindetags.

Zunächst ein Gruß von der menschenliebenden postkolonialen Linken: Mitglieder der Gruppe »Students for Free Palestine« halten an diesem Tag an der Freien Universität Berlin einen Hörsaal besetzt. Sie hängen Plakate mit propalästinensischen und antisemitischen Botschaften auf, werfen die Losung: »Free Palestine from German Guilt« an die Wand und halten aufgeregte Reden.

Ein Grüppchen Studierender schwenkt eine Israelfahne und versucht, Plakate mit den Fotos von israelischen Geiseln aufzuhängen, die sofort wieder abgerissen werden. Die proisraelischen Studenten werden abgedrängt, »Sicherheitskräfte« mit Kufiya sorgen für Ordnung. »Das ist unsere Uni!« Einem einzelnen jüdischen Studenten, der es in den Saal geschafft hat, wird das Handy abgenommen. Jemand am Mikrofon bezeichnet ihn als »Zionisten«, Buh-Rufe. Dann wird er aus dem Hörsaal geworfen. Ob die guten deutschen linken Studenten merken, dass sie die Geschichte ihrer Großeltern nachspielen?

Als die Polizei am Nachmittag den Saal endlich räumt, ist sie damit beschäftigt, nach den Rangeleien einige Anzeigen aufzunehmen. Derweil laufen die Protestierenden über den Campus und rufen: »Zionisten sind Faschisten – töten Kinder und Zivilisten.« Noam Petri, im Vorstand der Jüdischen Studierendenunion, wird am Abend zu mir sagen: »Das ist leider nicht der erste antisemitische Vorfall an der FU, aber bislang wohl der heftigste.« Wochen später wird die FU Berlin – auf Druck der Öffentlichkeit und nach Rücktrittsforderungen gegen ihren Präsidenten – 20 Strafanzeigen stellen, auch wegen antisemitischer Zwischenfälle.

Und dann kommt es wirklich dicke. Am Nachmittag erreicht uns die Meldung der Bundesanwaltschaft in Berlin: drei Hamas-Mitglieder in der Hauptstadt verhaftet. Ein weiterer Mann wurde in Rotterdam festgenommen. Die Verdächtigen sollten ein von der Hamas angelegtes unterirdisches Waffenlager in Europa aufsuchen, die Waffen nach Berlin schaffen und für Anschläge auf jüdische Einrichtungen in Deutschland bereithalten. Der Hinweis auf die Hamas-Terroristen kam vom Mossad.

BKA-Beamte hatten daraufhin am Morgen ein Mehrfamilienhaus gestürmt und einen ägyptischen Staatsangehörigen, einen Niederländer und einen im Libanon geborenen Mann festgenommen. Der Unterschlupf der Berliner Hamas-Mitglieder ist eine Wohnung in der Alten Jakobstraße in Berlin-Kreuzberg. Einen Steinwurf entfernt vom Jüdischen Museum und der dazugehörigen jüdischen Kinderwelt ANOHA.

Die Festgenommenen sollen »über eine enge Anbindung an Führungskräfte des militärischen Flügels der Hamas« verfügen. Weisungen habe die Gruppe von Hamas-Führungskadern im Libanon erhalten. Der erste Hinweis auf die vier Männer sei bereits im Sommer 2022 abgefangen worden, also weit vor dem 7. Oktober.

Die Nachricht traf uns alle wie ein Blitz. Seit Wochen schon warnten das Bundesinnenministerium und der Verfassungsschutz vor einer erhöhten Terrorgefahr gegen jüdische Einrichtungen. Anfang November hatte

Nancy Faeser (SPD) ein Betätigungsverbot für die Terrororganisation Hamas erlassen und sich erstmals für ein Verbot des deutschen Ablegers des palästinensischen Netzwerkes Samidoun ausgesprochen.

Aber bislang hatte die Hamas selbst – laut Verfassungsschutz – Deutschland vor allem als einen sicheren Rückzugsort betrachtet und als ein Gebiet, in dem sich prächtig Spenden sammeln und Propaganda machen lassen. Noch nie hat die Hamas einen Anschlag in einem westlichen Staat verübt. Die Terrororganisation beschränkte sich bisher auf Israel und die Palästinensergebiete. Die Behörde geht von rund 450 Mitgliedern der Hamas in Deutschland aus. 2002 und 2005 waren bereits zwei der Hamas nahestehende Vereine verboten worden.

Vorbei war es mit dem schönen Wiedersehen. Man konnte es aus allen Mündern gleichzeitig hören: Sind wir jetzt auch Ziel der Hamas? Ist das eine Kriegserklärung? Die Ausweitung der Kampfzone auf bundesdeutschen Boden?

Am nächsten Vormittag saßen wir im kleineren Kreis mit Thomas Haldenwang zusammen, dem Präsidenten des Verfassungsschutzes. Zum Gemeindetag trug er eine blau-weiße Krawatte mit Davidsternen darauf. Die Journalistin Esther Schapira stellte ihm eine Frage: »In diesem Hotel befinden sich 1300 Juden auf engstem Raum. Ein Leckerbissen für Islamisten. Vier Kilometer weiter wurden Hamas-Terroristen festgenommen. Ist das hier der sicherste oder der gefährdetste Ort Berlins?«

Haldenwang lehnte sich zurück.

»Ich bin mit solchen Rankings vorsichtiger geworden. Sonst wird man verrückt.«

Apropos Ausweitung der Kampfzone.

Wir hatten uns als jüdische Wochenzeitung einige Wochen zuvor beherzt auf einen Schlagabtausch mit dem ehemaligen Profiboxer und konvertierten Moslem Pierre Vogel eingelassen. Aus gegebenem Anlass. Wir hatten in der Vergangenheit immer wieder mal über Vogel berichtet, er ist sozusagen ein alter Bekannter, nun machte er auf TikTok zusammen mit dem Berliner Clanchef und ehemaligen Manager des Rappers Bushido Arafat Abou-Chaker wieder von sich reden.

In Deutschland kennt man Vogel mit seinem langen Kinnbart und weißer Häkelmütze, die er inzwischen kaum noch trägt. In den Medien wird der gebürtige Dormagener oft als »Hassprediger« bezeichnet. Er selbst nennt sich Abu Hamza. Nachdem er seine Boxerkarriere aufgegeben hatte, wurde er Moslem und studierte zwei Jahre an der Umm-al-Qura-Universität in Mekka. Als seine Tochter mit einem Herzfehler geboren wurde, kehrte er nach Deutschland zurück.

Vogel wurde daraufhin Prediger des salafistischen Vereins »Einladung zum Paradies«, der sich 2011 selbst auflöste. Seine Veranstaltungen sind gut besucht. Er machte mit Koranverteilungen und medienträchtigen Provokationen auf sich aufmerksam, spricht ein rheinisches Idiom und hat durchaus etwas Sympathisches. Er ist so etwas wie ein Popstar der Szene. Und er steht für eine besonders strenge Auslegung des Korans und der Sunna.

Über seine steinzeitlichen Ansichten zur Rolle der Frau, Ablehnung von Homosexualität und unbedingten Befürwortung der Scharia machte er nie einen Hehl. Es gehe ihm um »die Reinheit des Islam«, sagt er: »Ich bin ein islamischer Fundamentalist, und das ist auch gut so.« Anhänger eines moderaten oder aufgeklärten Islam bezeichnet er gern als »Wischiwaschi-Muslime«.[35]

Zugleich betont er, seine Religion lehne jede Form des Terrorismus ab. Aus Sicht des Korans gebe es keine Rechtfertigung für das Töten von Zivilisten.

Vogel gilt als einer der wirkmächtigsten Prediger der Salafisten-Szene. Verschiedene Verfassungsschutz-Landesämter stufen ihn als »problematisch« ein, er predige jungen Muslimen, sich von ihrer nichtmuslimischen Umwelt abzugrenzen und treibe ihre Radikalisierung voran. Nun könnte man Vogel als unterhaltsames, aber nicht ernst zu nehmendes Internetphänomen abtun, wäre da nicht sein großer Einfluss auf junge Erwachsene: Mit seinen Videobeiträgen erreicht er weit mehr Menschen als die klassischen Medien, von seiner Reichweite kann so manche überregionale Tageszeitung nur träumen. Der freundliche Kölsche Salafist ist ein Türöffner zu einer Welt, in der kein Demokrat, kein Homosexueller, kein »Islamkritiker« und erst recht kein Jude einen Platz hat: Vorbild Nahost, wo fast jeder muslimisch geprägte Staat so gut wie »judenrein« ist.

Die Auseinandersetzung mit dem Online-Salafisten begann mit einer Meldung der »Jüdischen Allgemeinen« über Vogels Livechat mit Arafat Abou-Chaker. Der palästinensischstämmige Clanchef fabulierte davon, dass

Adolf Hitler besser sei als Israels Regierungschef Benjamin Netanjahu. Hitler habe die Menschen wenigstens sofort umgebracht, sagte Abou-Chaker in dem Videoblog, in dem er Israel auch mit den Nazis verglich. Nachdem wir darüber berichtet hatten, veröffentlichte Vogel zwei Videos, die direkt an uns gerichtet waren. Danach fanden sich – Überraschung! – viele »Liebesgrüße« von Menschen mit dem Nachnamen Abou-Chaker in meiner Inbox.

Es ist nicht immer vergnügungssteuerpflichtig, Chef einer jüdischen Zeitung zu sein. Ich versuche, mich nicht davon beeinflussen zu lassen. Die jüdische Gemeinschaft in Deutschland ist mit 100 000 Gemeindemitgliedern vergleichsweise klein. Ich habe das Privileg, dass meine Stimme ab und zu gehört wird. Ich kann und möchte mich nicht wegducken.

Unser Streit mit Vogel mag gemessen an der Aussicht auf mögliche Terroranschläge der Hamas in Deutschland wie eine Humoreske wirken, er hat aber einen ernsten Hintergrund: Die Radikalisierung junger Muslime ist – auch durch salafistische Influencer wie Pierre Vogel – ein gefährlicher Selbstläufer. Das zeigt kein anderer Fall so deutlich wie der von Irfan Peci. 1989 in Serbien geboren, wuchs Peci in Weiden in der Oberpfalz auf. Als 15-Jähriger verliebte er sich in ein Mädchen, das ein Kopftuch trug, und entdeckte den Islam für sich.

Drei Jahre später war Peci bereits Chef der »Globalen Islamischen Medienfront« (GIMF), eines der seinerzeit weltweit wichtigsten Propagandanetzwerke für al Qaida. Seine Radikalisierung vollzog sich ausschließlich im Netz – in seinem Kinderzimmer, ohne Wissen seiner kreuzbraven und bestens integrierten Eltern. In dem Buch »Der Dschihadist« erzählt er: »Das Internet war mein Tor zur Welt. Jeden Tag nach dem Frühgebet und vor dem Arabischlernen las ich Nachrichten. Islamische Nachrichten. Das geht ganz einfach. Man gibt bei Google-News folgende Stichpunkte ein: Islam, Islamist, Terror, al Qaida, Taliban. So ist man rundum informiert.«[36]

Dabei stieß er auf ein Video, in dem ein Tschetschene einem russischen Soldaten im pakistanischen Wasiristan an der Grenze zu Afghanistan mit einem stumpfen Messer den Kopf abschneidet.

»Mittlerweile aß ich nicht mehr mit meinen Eltern und Geschwistern am Tisch, ich holte mir nur noch meinen Teller und schaute mir beim Essen Videos an. Bei meinem ersten Enthauptungsvideo aß ich Cornflakes. Ich drückte auf Play, schaute neugierig auf den Bildschirm, ohne zu zwinkern, und aß dabei, dann ging es los. Zu meinem Erstaunen stach der Tschetschene erst mit dem Messer in den Hals und schnitt dann den Hals durch, dabei röchelte der Russe etwas ekelhaft, und als sein Kopf nur noch am Nacken hing, haute der Mudschahed mit dem Messer drauf und trennte den Kopf komplett ab. Das war heftiger, als ich es mir vorgestellt hatte, doch ich löffelte meine Cornflakes ungerührt weiter.«[37]

Verzeihung, das ist eine widerliche Szene. Aber genau darum geht es: Die Idee der Hamas und des »Islamischen Staates«, ihre Gräueltaten und größtmögliche Brutalität ins Netz zu stellen, um genau diese jungen Leute zu erreichen, ist nicht neu, aber effektiv. Der IS und die Hamas fischen mit diesen »Dokumentationen«, die auffallend oft in hochprofessionellen Formaten gedreht sind, weltweit im Meer internetaffiner, unglücklicher, identitätssuchender junger Männer. Ihre Radikalisierung bis hin zur Bereitschaft, selbst zu töten, geschieht von allein.

Radikale Islamisten brauchen keine »U-Boote«, »Maulwürfe« oder »Schläfer« wie die Geheimdienste einst im Kalten Kriegs. Sie müssen keine klandestinen Organisationen aufbauen und Systeme jahrzehntelang unterwandern. Sie sind schlauer. Kälter. Sie brauchen nur Köpfe abzuschneiden und sie im Netz an die Angel zu hängen. Irgendwer beißt immer an.

Denn es bleibt nicht bei Worten. So erschoss der 22-jährige Arid Uka aus Mitrovica im Kosovo, der in Hessen aufgewachsen war, im März 2011 am Frankfurter Flughafen zwei US-Soldaten und verletzte zwei weitere schwer. Es war der erste islamistische Anschlag in Deutschland mit Toten und Verletzten.

Uka hatte die Videos des Predigers »Sheikh Abdellatif« der salafistischen Gruppe »Dawa« verfolgt, der als einer der führenden Hassprediger Deutschlands galt und im Januar 2023 nach Marokko abgeschoben wurde.

Bei seinem Mordprozess gab Arid Uka an, er habe am Tag zuvor eine Szene im Internet gesehen, in dem eine muslimische Frau von amerikanischen Soldaten vergewaltigt wurde – und dabei gar nicht gemerkt, dass es sich um einen Spielfilm handelte. Was könnte die völlige Hingabe, einfach alles blind aus dem Netz und den Händen der Prediger zu fressen, besser dokumentieren?

Irfan Peci hatte einen Anschlag in Erwägung gezogen. Kurz darauf wurde er wegen Körperverletzung verurteilt und inhaftiert. In der Haft nahmen Agenten des BKA Kontakt zu ihm auf. Er packte aus und legte Verbindungen offen.

Es gelang den Beamten, Peci als V-Mann für den Verfassungsschutz zu gewinnen. Jahrelang spitzelte er die Berliner Islamistenszene aus und lieferte wertvolle Informationen. Peci war der erste und bisher einzige Insider in den als gefährlich eingestuften Kreisen, den die Behörden in Deutschland je hatten.

Meist fliegen die Selbstradikalisierten unter dem Radar der Sicherheitskräfte.

Als der islamistische Attentäter Mohamed Merah im März 2012 vor einer jüdischen Schule in Toulouse drei Kinder und einen Rabbiner gezielt exekutierte, nahm ich an einer jüdischen Großveranstaltung ähnlich dem Berliner Gemeindetag teil. Es war der Kulturkongress »Tarbut« auf Schloss Elmau in Bayern. Ich erinnere mich genau daran, wie wir beim Abendessen in großer Runde saßen. Jemand kam auf den damaligen Präsidenten des Zentralrats der Juden Dieter Graumann zu und flüsterte ihm etwas ins Ohr. Die Miene von Graumann versteinerte augenblicklich.

Die Anschlagsserie hatte Frankreich in Atem gehalten. Der Attentäter hatte zuvor bereits in Toulouse und Montauban drei Soldaten erschossen und einen weiteren schwer verwundet, weil sie an Einsätzen in Afghanistan beteiligt gewesen waren. Und jetzt die jüdische Schule.

Zwei Tage später wurde Mohamed Merah in einem Haus in Toulouse gestellt. Er verbarrikadierte sich. Nach mehreren Schusswechseln sprang er aus dem Fenster und wurde von einem Scharfschützen getötet. Während er sich verschanzt hatte, bezeichnete er sich in den Verhandlungen mit der Polizei als Mitglied von al Qaida. Später erklärte der damalige Innenminister Claude Guéant, Merah sei in einer salafistischen Gruppe in Toulouse radikalisiert worden.

Im September 2012 schrieb ich eine Reportage über arabisch- und türkischstämmige Jugendliche in Berlin. Fünf Tage zuvor war der 53-jährige Rabbiner Daniel Alter im Bezirk Friedenau von mutmaßlich arabischstämmigen Jugendlichen brutal zusammengeschlagen worden. Die Täter fragten Alter, ob er Jude sei, der Rabbiner trug Kippa. Als er bejahte, schlugen sie auf ihn ein. Dabei zertrümmerten sie sein Jochbein. Alters siebenjähriger Tochter drohten die Täter mit dem Tod. »Ich ficke deinen Gott«, riefen die Angreifer, als sie den Rabbiner auf dem Gehweg liegen ließen und abhauten.

Die Reportage beginnt so: »Eigentlich wirken Levent, Murat und Ömer sympathisch. Wie andere in ihrem Alter flachsen die drei türkischstämmigen Oberschüler aus Berlin-Moabit miteinander, sprechen über Fußball und Frauen. Total normal. Bis das Gespräch auf Juden kommt.

›Die Juden sind verfluchte Hurensöhne‹, sagt der

17-jährige Levent. ›Selbst schuld, dass der Scheiß-Rabbiner eins auf die Fresse bekommen hat‹, ergänzt Murat. ›Muss er halt nicht mit seiner Kack-Judenmütze auf die Straße gehen.‹ Und Ömer findet: ›Besser zu stark als zu schwach drauftreten.‹«

Ein ähnliches Bild präsentiert sich mir in Neukölln. »Die Juden rauben den Palästinensern ihr Land, und keiner sagt was dagegen. Ein Rabbiner wird verprügelt, schon beklagen sich alle. Das ist nicht fair«, sagt dort der 22-jährige Kfz-Mechaniker Melek. »Die Kartoffeln trauen sich halt einfach nicht, das Maul gegen Juden aufzumachen«, findet sein Kollege Samir.

In Kreuzberg steht Adil, ein großer, kantiger 23-jähriger Libanese, mit einem halben Dutzend Freunden am U-Bahnhof Kottbusser Tor. Umgeben von Fixern, Obdachlosen, Gemüsehändlern, Studenten und Touristen lungern sie hier im Halbkreis, rauchen und schlagen die Zeit tot. Adil ist so etwas wie der Wortführer der Gruppe. Während er spricht, zieht sein Pitbull an der Leine. Adil, der nicht nur wie ein Kickboxer aussieht, sondern auch einer ist, hat über Juden eine klare Meinung.

»Abschaum«, sagt er bestimmt. »Ich hasse die Juden, dreckiges Pack ist das.« Ob er Juden persönlich kennt? Nein, das nicht. Im arabischen Fernsehen habe er viele Dokumentationen über Juden gesehen. Sie beherrschen die Welt und unterdrücken die Muslime. Dann schaut Adil mich und meinen Begleiter an und fragt: »Von welcher Zeitung kommt ihr eigentlich? Seid ihr Juden oder was?« Er lacht, macht einen Witz, legt den Kopf schief und wartet unsere Antwort ab. Wir verneinen und verabschieden uns. Wir fühlen uns erleichtert.

Doch die Erleichterung weicht schnell der Scham.

Aus Angst nicht die Wahrheit gesagt zu haben.

Die O-Töne der jungen Migranten von damals haben leider nicht an Aktualität verloren. Wenn ich mit Demonstranten von propalästinensischen Kundgebungen – die allzu häufig bloß israel- und judenfeindliche Kundgebungen sind – spreche, fallen nach wie vor dieselben antisemitischen Aussagen.

Es ist unbestritten: Nicht alle muslimischen Migranten sind Antisemiten. Laut einer von Forsa 2022 durchgeführten Studie halten »nur« rund 18 Prozent der befragten Deutsch-Türken Juden für »minderwertig«. In etwa so stark ist damals der Antisemitismus in der deutschen Mehrheitsbevölkerung verbreitet. Aber: Rechnet man die Zahlen hoch, gibt es rund 500 000 antisemitisch eingestellte Deutsch-Türken. Und Urheber von verbalen und physischen Attacken sind »leider meist junge Migranten«, sagt Anetta Kahane, Vorsitzende der Amadeu Antonio Stiftung. Das deckt sich mit den Erfahrungen von fast allen Juden in Deutschland.

Berlin, Silvester 2014.

Seit über zwölf Jahren lebt der 26-jährige Israeli Shahak Shapira in Deutschland, er arbeitet als Creative Director und Künstler und spricht akzentfrei Deutsch. Er ist blond und trägt meist Dreitagebart. In dieser Nacht ist er mit Freunden auf dem Weg zu einer Party. Als er vom U-Bahnhof Hallesches Tor abfährt, lärmt eine siebenköpfige Gruppe junger Männer. Sie rufen »Fuck Juden« und »Fuck Israel«. Kaum jemanden im U-Bahn-Abteil scheint das zu stören.

Shapira fordert die Gruppe auf, das zu unterlassen, und filmt sie mit dem Handy. Die Gruppe steigt an der Friedrichstraße aus, der junge Israeli auch. Dort attackieren ihn die Männer. Er solle die Aufnahmen löschen. Shapira weigert sich. Dann wird er bespuckt, geschlagen und getreten, auch zwei seiner Freunde werden bedroht. Shapira trägt eine Platzwunde und Prellungen am Kopf davon. Er flüchtet in die nächste U-Bahn. Die Täter verschwinden unerkannt.

Prenzlauer Berg, April 2018.

Ein 21-jähriger Israeli und sein Freund sind an diesem Abend auf der belebten Lychener Straße unterwegs. Sie tragen Kippa. Plötzlich werden sie von einer Gruppe Arabisch sprechender Männer angegriffen. Sie schreien »Yahudi«, das arabische Wort für »Jude«. Einer der Angreifer, der 19-jährige syrische Flüchtling Knaan Al S., zieht seinen Gürtel von der Hose und peitscht damit auf den Israeli ein. Dann versucht er, ihn mit einer Flasche zu schlagen. Die Angreifer flüchten schließlich.

Knaan Al S. wurde gefasst und kam in U-Haft. Er erhielt vier Wochen Jugendarrest. Zudem wurde er ein Jahr unter Betreuungshilfe gestellt und verpflichtet, eine KZ-Gedenkstätte zu besuchen. Der junge Israeli hatte den Hergang der Tat gefilmt und das Video ins Netz gestellt. Die Bilder von der Attacke des »Gürtelschlägers« lösten

Entsetzen und eine bundesweite Debatte über Antisemitismus aus. Ein syrischer Flüchtling? Wasser auf die Mühlen der AfD? Es kann doch nicht sein, was nicht sein darf.

Der junge syrische Mann wurde nach der Urteilsverkündung freigelassen. Seine Strafe galt mit der Untersuchungshaft als verbüßt. Knaan Al S. legte Berufung ein und verlangte für jeden darüber hinaus in Haft verbrachten Tag 25 Euro Entschädigung.

Berlin-Mitte, im August 2023.

Hotel, Apotheke, Steakhouse, Sushi. Die Hedemannstraße ist eine ruhige Kreuzberger Straße, unweit des Jüdischen Museums und des Hauses, in dem die drei Hamas-Terroristen im Dezember 2023 verhaftet werden. Der 19-jährige Jonathan und seine Freundin sind zu Fuß unterwegs. Er telefoniert auf Hebräisch. Es ist Freitagabend, 22:15 Uhr.

Plötzlich hält ein Auto an. Drei Männer steigen aus, einer der Männer fragt Jonathan etwas auf Deutsch. Der junge Israeli versteht die Frage nicht. Sofort schlägt einer zu, Jonathan fällt zu Boden, die drei schlagen und treten weiter auf ihn ein. Dann steigen sie wieder ein und fahren davon.

Der Israeli erleidet eine Gehirnerschütterung und Prellungen am Oberkörper. Am Tag danach sagt er der »Bild«: »Ich wurde von Arabern verprügelt, weil ich Jude bin! Als sie mit mir fertig waren, sind sie mit ihrem Auto weggefahren und haben laut arabische Musik gehört, regelrecht gefeiert.«[38]

Zurück zum Gemeindetag. Zum Auftakt hat Zentralratspräsident Josef Schuster gesagt: »Wir Juden lassen uns nicht unterkriegen!« Bundespräsident Frank-Walter Steinmeier tritt auf und sagt: »Wir Deutsche stehen an der Seite Israels.« Am Samstag hält Bundeskanzler Olaf Scholz (SPD) seine Rede: »Wir schützen die jüdischen Gemeinden.« Deutschland bekämpfe jede Form von Antisemitismus, Terrorpropaganda und Menschenfeindlichkeit. Um »dem Mangel an Empathie« gegenüber Jüdinnen und Juden entgegenzutreten, sei Bildung ein Schlüssel.

Und dann wird es doch noch einmal kontrovers, beim Auftritt von Außenministerin Annalena Baerbock. Auch wenn ihr zu ihrem 43. Geburtstag ein Ständchen gebracht wird, wird es für sie ungemütlich. Zu Recht. Deutschlands Chefdiplomatin wird zwar nicht müde, mit großer Geste ihre Solidarität mit Israel zu bekunden, versäumte aber nach dem 7. Oktober gleich mehrere Gelegenheiten, diese auch unter Beweis zustellen – und bei Abstimmungen bei den Vereinten Nationen Israel zur Seite zu stehen.

»Wir brauchen nicht zu verschweigen, dass ich mir und mit mir viele andere ein anderes Abstimmungsverhalten der Bundesregierung zur relativierenden UN-Resolution gewünscht hätte«, kritisiert Schuster sie, und Arye packt noch einen drauf: »Manchmal muss man auch klare Kante zeigen. Deutschland muss aus einer Position der Stärke kommen, nicht der Schwäche.« Arye wird gefeiert wie ein Star.

Am letzten Tag tritt Bundesjustizminister Marco Buschmann auf. Er hat die Verhaftung der vier Hamas-Terroristen am Freitag veranlasst. »Ich hätte gerne eine furchtbar langweilige Festrede gehalten. Aber so kann ich diese Rede nicht halten – nicht, weil ich es nicht möchte, sondern weil ich sie anders halten muss.«[39]

Er spricht aus, worüber sich jetzt viele im Saal Sorgen machen: »Dass da draußen Menschen sind, die nicht zusammenleben wollen, die töten wollen, und die nicht irgendjemanden töten wollen, sondern gezielt Jüdinnen und Juden töten wollen – nicht nur in Israel, sondern auch hier in Europa und auch in Deutschland.«

Die neuesten Zahlen aus seinem Haus bringt er gleich mit: Seit dem 7. Oktober wurden in Deutschland rund 4300 Straftaten in Verbindung mit dem Nahostkonflikt registriert, davon fast 500 Gewalttaten. Davidsterne würden auf Häuser gesprüht, israelische Flaggen verbrannt, es gebe hundertfach Vernichtungs- und Morddrohungen, Veranstaltungen hätten abgesagt werden müssen. »Das ist die Saat des Hasses, die leider aufgeht.«

Eine Mehrheit der Juden fühle sich im öffentlichen Raum nicht mehr sicher, und es sei eine Schande, dass jüdische Einrichtungen und Veranstaltungen wie diese geschützt werden müssten. »Diese Schande hat einen Namen – und der Name lautet Antisemitismus.« Das sind Worte, die man von deutschen Politikern nicht oft hört.

Er verspricht, der deutsche Staat werde für die Sicherheit der Jüdinnen und Juden im Land einstehen, »und zwar nicht, weil sie unter eine Glasglocke gestellt werden, sondern weil sie deutsche Mitbürgerinnen und

Mitbürger sind: Unser Rechtsstaat ist wehrhaft – und das muss er auch sein.«

Der Geschäftsführer des Zentralrats, Daniel Botmann, nutzt die Bühne für eine Forderung: »Wenn wir es ernst meinen, brauchen wir eine Präzisierung, eine Verschärfung des Strafrechts« – großer Applaus. »Wichtig ist es, den Volksverhetzungsparagrafen anzugehen. Er wirkt manchmal wie ein zahnloser Tiger.« Und ganz konkret auch an die Adresse postkolonialer Linker: »From the river to the sea, Palestine will be free«, Aussagen wie diese müssten unter Strafe gestellt werden. Wer antisemitische Straftaten begehe, solle konsequent bestraft und notfalls abgeschoben werden, wenn er nicht über die deutsche Staatsbürgerschaft verfüge.

Es sind richtige und notwendige Worte. Allerdings hätte ich sie mir in den letzten Jahrzehnten auch von Spitzenpolitikern der demokratischen Parteien gewünscht. Doch Fehlanzeige. Aus Angst, als »rechts« dazustehen, wurde das Problem lieber verschwiegen. Eine deutsche Lebenslüge, die zynischerweise die rechtsextreme AfD gestärkt hat, weil sie lange Zeit als einzige Partei dieses Problem thematisiert hat. Ausgerechnet. Mit dem Ergebnis, dass sich nun alle Milieus radikalisieren.

Nach vier Tagen ist der Gemeindetag vorbei. Auf dem Weg nach Hause gerate ich in Berlin-Charlottenburg in einen propalästinensischen Autokorso. Mehr als 700 Personen mit 500 Fahrzeugen nehmen daran teil. Viele der Fahrzeuge sind auf den Motorhauben und Dächern mit »Palästina«-Fahnen versehen. Einige Teilnehmer halten Fahnen während der Fahrt aus dem Fenster. Wir hören »Allahu akbar«-Rufe. Es wird »Scheiß-israel!« und »Scheißjuden« skandiert.

Das Journalistenkollektiv »Democratia« berichtet, einer seiner Berichterstatter sei von Demonstranten als »Hurensohn« beschimpft und auf den Arm geschlagen worden. »Mach' die Kamera weg, du Bitch!«, habe es ihm entgegengeschallt. Die Demonstration war als »Friedens-Autokorso« betitelt.[40]

Wir fühlen uns unwohl. Kippa oder andere jüdische Symbole trägt von uns längst keiner mehr öffentlich. Aus Angst vor Übergriffen. Die Realität hat uns wieder, der nachtgraue Alltag kehrt ein, und am Tag nach dem Gemeindetag wird der »Berlin Monitor 2023« veröffentlicht – eine seit 2019 alle zwei Jahre durchgeführte Langzeitstudie im Auftrag des Berliner Senats.

Sie enthüllt: Jeder dritte Hauptstadtbürger hält die Gründung Israels für eine schlechte Idee (2021: 12 Prozent). Jeder zweite Berliner (2021: 48 Prozent) lehnt den Islam überzeugt ab. Etwa 19 Prozent der befragten Berliner wünschen sich einen starken Führer (2021 waren es noch 10 Prozent). 31 Prozent finden Homosexualität unnatürlich. Eine verfestigte Verschwörungsmentalität weisen 31 Prozent der Befragten auf.[41]

Wo man auch hinschaut in der Hauptstadt, es bieten sich keine guten Aussichten.

KAPITEL 7

Der Judenhasser vom Bosporus

Sonnenbrille, seidenglänzender Schal. Schwarzer Anzug, rote Krawatte. Der Präsident der Türkei winkt lässig in die Menge. Seine Frau trägt züchtig Kopftuch, schneeweiß rahmt es ihr Gesicht. Schwarzer Blazer, schwarze Brille auch sie.

»Büyük Filistin Mitingi«, steht auf dem Plakat, »Palästina-Kundgebung«. Wehende Fahnen, soweit das Auge reicht. Frenetischer Jubel. Alles Apparatschiks, sie applaudieren, tragen den gleichen Seidenschal, darauf die türkische Flagge und der Halbmond auf rotem Grund. Bestes Entertainment und noch dazu Kalifenwetter. Recep Tayyip Erdoğan ist der Poptitan des Islam, er beherrscht den großen Auftritt. »Als der Präsident einschwebte, war die Bühne bereitet, mehrere Hunderttausend Anhänger hatte die regierende AK-Partei nach Istanbul gerufen, das Motto: Solidarität mit Palästina«, berichtet das ZDF an diesem Tag, Ende Oktober 2023. Erdoğan weiß, wie man Fanatismus erzeugt und millionenfach in die Wohnzimmer seiner Anhänger transportiert. Er denkt in Bildern und Botschaften. Das kommt an, auch in Deutschland.

Der streng religiöse Machthaber macht »westliche Länder« für die Todesfälle in Gaza verantwortlich, weil sie »israelische Angriffe« nicht gestoppt hätten, und will Israel zu einem Kriegsverbrecher erklären lassen. Und dann sagt er es rundheraus: »Israel ist nur eine Schachfigur, die, wenn der Tag kommt, geopfert wird.«[42] Deutlicher geht es nicht. Es ist eine Kampfansage. Eine Vernichtungsfantasie. Ein Versprechen an alle Muslime, zu deren Führer er sich aufschwingen will.

Worte, die auch in Berlin, Essen, Köln, Frankfurt, Hamburg dankbar aufgenommen werden. Judenhass reinsten Wassers. Es ist nicht das erste Mal, dass der türkische Präsident Israel mittels einer entschlossenen Handbewegung ausradieren will. Aber seit dem 7. Oktober ist seine antisemitische Rhetorik ungewöhnlich heftig. Im türkischen Parlament sagte er: »Mit der Brutalität der Bombardierung der Zivilisten, die während ihrer Umsiedlung aus ihren Häusern vertrieben wurden, setzt im wahrsten Sinne des Wortes Staatsterrorismus ein. Ich sage jetzt mit ruhigem Herzen, dass Israel ein Terrorstaat ist ... Wir werden niemals davor zurückschrecken, die Wahrheit auszusprechen, dass Hamas-Mitglieder, die ihr Land, ihre Ehre und ihr Leben angesichts der Besatzungspolitik schützen, Widerstandskämpfer sind, nur weil es einigen Menschen unangenehm ist.«[43]

Jemand, der in das gleiche Horn bläst, ist Ali Erbaş, Präsident der türkischen Religionsbehörde Diyanet. Erbaş ist zudem Vorsitzender des Beirats der Türkisch-Islamischen Union der Anstalt für Religion (DITIB) in Deutschland. Dieser bestimmt den Vorstand der größten sunnitischen Organisation hierzulande – und damit, wer in deutschen Moscheen predigt und, was gepredigt wird. Die DITIB entsendet seit rund zehn Jahren türkische Vorbeter, die gleichzeitig Islamunterricht an bundesdeutschen Schulen geben. Allein in Hessen sind das 28 Schulen, darunter 23 Gesamtschulen für rund 1500 Kinder bis zur 6. Klasse. Die Kooperation der Bundesländer mit dem Verband DITIB war einst von der ersten Deutschen Islam Konferenz 2006 beschlossen worden. »Der Islam gehört zu Deutschland«, hatte Bundesinnenminister Wolfgang Schäuble damals, zu Beginn der von ihm initiierten Konferenz, gesagt.

Nicht erst seit dem 7. Oktober regt sich Unmut über die Praxis, türkische Imame in deutschen Moscheen und Schulen weitgehend unbeobachtet wirken zu lassen. Die erste Freitagspredigt von Erbaş nach dem Terrorangriff lässt nichts mehr im Unklaren. Israel sei, sagte Erdoğans Chefideologe, »wie ein rostiger Dolch, der im Herzen der islamischen Geografie steckt«.[44] In einer virtuellen Konferenz vor rund 200 Theologen aus aller Welt verkündete Erbaş wenig später, das »zionistische Israel« begehe in Gaza einen »Völkermord«, basierend auf einem »schmutzigen und perversen Glauben«.[45] Zugeschaltet waren auch Vertreter der Taliban aus Afghanistan.

Mindestens dem Landesverband der hessischen Jungen Union ging danach ein Licht auf: An Hessens Schulen werde »unseren Kindern Judenhass gelehrt«, meldete er in einer Pressemitteilung.[46] In der Tat, so ist es. Tag für Tag. Und das schon seit Jahren.

Der in Leverkusen geborene Publizist und Mitgründer der »Deutschen Alhambra-Gesellschaft« Eren Güvercin beschäftigt sich seit Jahren mit dem muslimischen Antisemitismus in Deutschland. »Wenn ich das als gläubiger Moslem thematisiere, muss ich mir aus dem linken Milieu anhören, ich würde antimuslimischen Rassismus befeuern. Das ist absurd«, sagt er in einem ausführlichen Gespräch mit mir Anfang Januar. Ich kenne solche Vorwürfe auch nur zu gut. Warum ich, ein deutscher Jude mit iranischen Wurzeln, das Geschäft der AfD betreiben würde, wird mir stets vorgeworfen, wenn ich das Thema anspreche. Es ist in Deutschland politisch unkorrekt, den muslimischen Antisemitismus in diesem Land zu thematisieren.

»Dieser Antisemitismus existiert ja, er ist nicht erfunden! Es macht mir keinen Spaß darüber zu reden, aber ich kann meine Augen nicht davor verschließen. Es gibt auch einen christlichen Antisemitismus, seit vielen Jahrhunderten, und es ist völlig normal darüber zu reden. Ich empfinde diese Art der Diskursführung als sehr bedenklich.« Eren spricht mir aus der Seele. Warum gibt es unter den deutschen Muslimen nicht mehr wie ihn? Und warum ist diese deutsche Lebenslüge kein Thema?

Die historische Beziehung der Türkei zu Israel und den Juden ist ambivalent. Über Jahrhunderte waren Juden Teil des osmanischen Reichs. 1949 erkannte die Türkei den neuen Staat Israel noch vor der Bundesrepublik an. Und in den vergangenen Jahrzehnten entwickelte sich eine florierende wirtschaftliche Zusammenarbeit zwischen dem Nahoststaat und der Türkei. Sogar spielten einige israelische Fußballprofis in der türkischen »SüperLig« (die nach dem 7. Oktober wegen ihrer Solidarität mit den Opfern des Hamas-Anschlags jedoch verhaftet und aus dem Land geworfen wurden).

Offiziell hatte die Türkei seit der Gründung der »modernen Republik« durch Mustafa Kemal Atatürk 1923 die Trennung von Staat und Religion nach westlichem Vorbild lange vor dem Zweiten Weltkrieg vollzogen. Doch die islamischen Fanatiker schlugen bald zurück. Recep Tayyip Erdoğan ist von der »Milli-Görüs-Bewegung«, was so viel wie »Nationale Sicht« bedeutet, geprägt worden. Sein Vorgänger, der islamistische Politiker und ehemalige Ministerpräsident der Türkei, Necmettin Erbakan, hatte die Bewegung Anfang der Siebzigerjahre als geistigen Hort eines neuen politischen Islam gegründet – und er gilt als Erdoğans politischer und religiöser Ziehvater. Weltweiter Kapitalismus, Kommunismus, das globale Bankensystem: Das sind für die Milli-Görüs-Bewegung Produkte der Juden. Diese streng religiöse Bewegung ist auch in Deutschland äußerst aktiv.

Recep Tayyip Erdoğan wurde 1954 in Istanbul in einfachste, von großer Armut geprägte Verhältnisse hineingeboren. 1975 schrieb er das Buch »Rote Kralle« zu einem Theaterstück um, und wirkte selbst als Regisseur und Schauspieler mit. Schon der Titel spiegelt mit den ersten Silben der türkischen Worte für »Freimaurer, Kommunist und Jude« puren Antisemitismus wider: *Mas-Kom-Yah* (»Mason, Komünist, ve Yahudi«). Von 1994 bis 1998 war er Oberbürgermeister seiner Heimatstadt. 1998 wurde er wegen Volksverhetzung zu einer kurzen Haftstrafe und lebenslangem Politikverbot verurteilt. Aber bereits 2001 schwang er sich zum Mitbegründer und Vorsitzenden der stark religiös geprägten »Partei für Gerechtigkeit und Entwicklung« (AKP) auf. 2003 wurde sein Politikverbot aufgehoben und Erdoğan Ministerpräsident.

In den ersten Jahren seiner Amtszeit betrieb Erdoğan noch eine pro-europäische Reformpolitik. Für viele stellte er eine große Hoffnung dar, es schien, als könne die AKP wie ein Rollenmodell für die arabische Welt wirken: als eine muslimisch motivierte Partei, strukturell vielleicht ähnlich der Christlich Sozialen Union, die aber kompatibel ist mit einem westlichen Demokratieverständnis. Aber spätestens nach den sogenannten Gezi-Protesten 2013 (zunächst gegen ein Bauprojekt auf dem Gelände des Gezi-Parks gerichtet, später gegen staatliche Repressalien), die von der Polizei blutig niedergeschlagen wurden, höhlte Erdoğan den demokratischen Staat aus. Im Juli 2014, kurz vor den Präsidentschaftswahlen, nannte Erdoğan Israel erstmals einen »Terrorstaat« – und fuhr einen weiteren fulminanten Sieg ein. »Der Irre vom Bosporus«, wie er in Israel auch genannt wird, schmiedet heute neue Bündnisse und zieht in der Rhetorik beinahe mit den Mullahs im Iran gleich. So sehr, dass Israel den gerade erst wieder eingesetzten Botschafter im November 2023 aus Ankara abberief. Die neue türkisch-israelische Annäherung ist jedenfalls auf Eis gelegt, ebenso wie das zum Greifen nahe Friedensabkommen zwischen Israel und Saudi-Arabien. Auch das hat der 7. Oktober bewirkt.

[Israel hat] kein Gewissen, keine Ehre, keinen Stolz. Jene, die Hitler Tag und Nacht verurteilen, haben Hitler in Sachen Barbarei übertroffen (Erdoğan, 2016).[47]

Seit 15 Jahren »erleben wir eine immer intensivere Diaspora-Politik der türkischen Regierung, die vor allem Deutschland erreicht«, meint Güvercin. Die erste Generation türkischer Einwanderer sei noch von jener »einfachen Volksfrömmigkeit« wie etwa der seines Vaters geprägt gewesen. »Das ist vollends einer politischen Religiosität gewichen.« Dieser Prozess vollzieht sich parallel zur Radikalisierung und Aushöhlung der Demokratie unter Erdoğan.

Das merken wir auch an den Reaktionen auf unsere Berichterstattung. Als die Hamas 2014 den jüdischen Staat mit Tausenden Raketen beschoss und sich Israel mit Angriffen auf Gaza zur Wehr setzte, folgte eine bis dahin beispiellose antisemitische Hasswelle, in deren Zuge Muslime von Berlin bis Bochum ihre Feindschaft mit dem jüdischen Staat und allen Juden auf die Straße trugen. Und wehe, man thematisiert diesen aggressiven Judenhass! Als Chefredakteur der »Jüdischen Allgemeinen« weiß ich: Bei keinem anderen Thema bekommen wir mehr Drohungen, auch Morddrohungen, als bei kritischen Texten über die Türkei und den Judenhasser Erdoğan. Der bekannte deutsch-türkische Journalist

Deniz Yücel, der als Korrespondent in der Türkei selbst Opfer der Willkür Erdoğans wurde und ein Jahr wegen »Terrorpropaganda« in Haft verbrachte, bringt es auf den Punkt: Erdoğan sei der »globale Wortführer des Hasses«.[48]

Erdoğans Botschaften, vor Wahlen auch gern direkt in Deutschland vorgetragen, verfangen. Bei türkischen Präsidentschaftswahlen schneiden er und seine AKP in Deutschland wesentlich besser ab als in der Türkei. »Er hat es geschafft, mit einer nationalistisch-identitären Agenda Diskriminierungserfahrungen für seine politischen Zwecke zu missbrauchen und bei vielen Türkeistämmigen das Gefühl zu vermitteln, dass er ihr Fürsprecher und großer Bruder sei«, schreibt Eren Güvercin in der »Jüdischen Allgemeinen«: »Er hat damit Ressentiments unter ihnen gegenüber der deutschen Gesellschaft und Politik geschürt und Einfluss genommen auf unser gesellschaftliches Zusammenleben. Viele seiner Anhänger in Deutschland sind überzeugt davon, dass sie Teil einer ›heiligen Mission‹ sind, die Türkei unter seiner Führung zur neuen Weltmacht zu machen.«[49]

Israel ist der zionistischste, faschistischste und rassistischste Staat der Welt. Es gibt keinen Unterschied zwischen Hitlers Obsession mit der arischen Rasse und Israels Vorstellung, dass dieses alte Land allein den Juden gehöre. Der Geist Hitlers, der die Welt in eine große Katastrophe geführt hat, ist in einigen der Anführer Israels wiedergekehrt (Erdoğan, 2018).[50]

Güvercin, Sohn türkischer »Gastarbeiter«, erlebt die Verengung des deutschen Diskurses am eigenen Leib. Als er neben seinem Jurastudium in Bonn begann, für das Radio und für Zeitungen über muslimische Themen zu schreiben, luden ihn türkische Verbände ein, Vorträge zu halten – auch die Jugendabteilung der DITIB. Aber sobald er kritische Themen ansprach, Erdoğans zunehmende Einflussnahme in Deutschland etwa, wurde es schwieriger. Einladungen erfolgten immer seltener. Bis er bei allen Verbänden schließlich Auftrittsverbot erhielt. Seinen letzten Vortrag in einer Moscheegemeinde hielt er vor neun Jahren. Ziemlich genau seit dieser Zeit sieht er eine »sehr negative Entwicklung, nicht nur bei DITIB, sondern auch in anderen Verbänden«.

Dabei hatte Eren – wie viele »Gastarbeiterkinder« der zweiten und dritten Generation – noch in den frühen 2000er Jahren die Hoffnung, dass es gewisse Emanzipationen geben könnte und sich verkrustete Verbandsstrukturen öffnen würden. Ab 2010 aber fand eine massive Rückentwicklung statt. Der Raum für innermuslimische kritische Diskurse wurde immer kleiner. Bis hin zur Brandmarkung von Menschen, die einfach nur Fragen stellten, als Nestbeschmutzer und Vaterlandsverräter. Das deckt sich zeitlich mit der Entwicklung Erdoğans vom frühen Reformer und Europa-Befürworter zum religiösen Hardliner.

Es liegt in der Natur Israels, das palästinensische Volk töten (zu wollen). Sie sind Mörder, sie töten Kinder, die fünf oder sechs Jahre alt sind. Sie sind erst zufrieden, wenn sie ihr Blut aussaugen (Erdoğan, 2021).[51]

Erst langsam versteht die deutsche Politik, wie gefährlich dieser Einfluss aus Ankara auf die deutsch-türkische Community ist. Im Vorfeld des Erdoğan-Besuchs im November 2023 wirkte der Chef der nordrhein-westfälischen Staatskanzlei, Nathanael Liminski (CDU), auf den Islamverband ein: Für eine weitere Zusammenarbeit müsse sich die DITIB klar von judenfeindlichen Aussagen Erdoğans und Erbaș' distanzieren. Aus dem Umfeld der Staatskanzlei heißt es, dass Liminski der islamischen Organisation quasi die Pistole auf die Brust gesetzt hatte. Der Druck funktionierte: Der Landesverband der DITIB erkannte daraufhin sogar das Existenzrecht Israels an.[52]

Noch vor zwei Jahren postete der DITIB-Imam Hasan Caglayan auf Facebook, Scheich Ahmed Yassin, einer der Gründer der Hamas, der Selbstmordattentate legitimierte, sei ein Vorbild für die muslimische Jugend weltweit. Eren Güvercin entdeckte den Post. Journalistenkollegen berichteten. Der Post verschwand, der Imam löschte seinen Facebook-Account.

Das Ergebnis der Erdoğan-Propaganda ist empirisch fassbar. In einer Studie des Sachverständigenrates für Migration und Integration des Jahres 2022 kam zutage, dass der Antisemitismus unter Türkeistämmigen stärker ist als in anderen migrantischen Gruppen. Dazu wurden rund 15 000 Menschen in ganz Deutschland befragt. Die Studie trägt den Titel »Antimuslimische und antisemitische Einstellungen im Einwanderungsland – (k)ein Einzelfall?«. Sie unterschied sehr wohl zwischen Antisemitismus und »Israelkritik«.[53]

Demnach stimmen dem antisemitischen Stereotyp »Juden haben auf der Welt zu viel Einfluss« 28 Prozent der Türkeistämmigen »voll und ganz« zu. 70,7 Prozent bejahten die Aussage »Es ist ungerecht, dass Israel den Palästinensern Land wegnimmt« ebenso »voll und ganz«. Gegenüber der Tageszeitung »Die Welt« kommentierte der Sozialforscher an der Uni Mannheim und das Mitglied des Sachverständigenrats Marc Helbling: »Türkeistämmige Menschen äußern sich deutlich antisemitischer als Zugewanderte mit anderer Herkunft.«[54]

Benjamin Netanjahu ist erledigt. Hoffentlich wird Israel ihn loswerden, so wie es alle Juden in der Welt tun … Der Westen, der durch die imperialistischen Ideale der Kreuzritter gebunden ist, steht zusammen. Das habe ich bei meinem Besuch in Deutschland gesehen. Der deutsche Präsident spiegelt dieselbe Denkweise wider (Erdoğan, 2023).[55]

»Man muss diese scharfe Rhetorik aus der Türkei ernst nehmen«, warnt Eren Güvercin nicht erst seit gestern. »Denn es ist nicht nur Rhetorik. Extremisten fühlen sich immer dazu berufen, aus Worten Taten werden zu lassen. Das ist bei Rechts- wie Linksextremen so, und das ist bei Islamisten nicht anders. Es besteht bei Einzelnen immer die Gefahr, die Geschwister in Palästina jetzt zu ›unterstützen‹.«

So forderten Anfang November 2023 rund 3000 Teilnehmer einer israelfeindlichen Demonstration in Essen gar ein »Kalifat« in Deutschland: »Eine Ummah, eine Einheit, eine Lösung: das Kalifat« stand auf den Bannern. Hauptinitiator der Kundgebung war die Organisation »Generation Islam«, die laut Sicherheitsbehörden der seit 2023 verbotenen panislamistischen Bewegung »Hizb ut-Tahrir« (HuT) nahesteht.

Über die lautstarke Gruppe heißt es auf der Website der Bundeszentrale für politische Bildung: »Das wichtigste Element ihrer Ideologie stellte zunächst eine Befreiung Palästinas von der ›Besetzung‹ Israels dar. In den folgenden Jahren verschob sich der Fokus der Gruppe auf eine Befreiung aller Musliminnen und Muslime weltweit von der wahrgenommenen Unterdrückung durch ›den Westen‹ und seine Konzepte wie den Kapitalismus.«[56]

Zu den Massakern der Hamas hielten sich selbst kritische muslimische Stimmen auffallend zurück. Stattdessen: In Neukölln wurden Süßigkeiten gereicht. In Duisburg musste die Polizei mit einem Großaufgebot aufmarschieren, damit die Situation bei judenfeindlichen Protesten nicht vollends eskalierte. Dem Zentralrat der Muslime fiel nichts Besseres ein, als die Siedlerbewegung zu kritisieren. In München rief ein Mann bei einem israelischen Lokal an und fragte, ob man über Messer verfüge, damit man alle Israelis töten könne. Der NDR stellte im Rahmen eines spontanen Stimmungsbildes einer Hamburgerin mit Kopftuch die Frage, wie sie über die Situation in Israel denke. Breites Grinsen in die Kamera, ihre Antwort: »Ich finde das gut.«

Gibt es positive Beispiele? Nur ganz vereinzelt. Mich verstört, dass offenbar viele Muslime in Deutschland den Terror gegen den jüdischen Staat nicht ablehnen. Und mehr noch, einige den Mord an Juden feiern. Bislang war ich davon überzeugt, dass die Mehrheit der Muslime Gewalt gegen Juden verurteilt. Doch es ist eine bittere Erkenntnis: Die Bilder nach dem 7. Oktober legen nahe, dass das Gegenteil der Fall ist. Entweder ist das Schweigen der Muslime zum Terror gegen Israel überlaut. Oder das Töten von Juden wird sogar gefeiert.

Ulm, im Dezember 2023. An einem eisigen Donnerstagmorgen, drei Tage vor dem christlichen Weihnachtsfest, steht ein 47-jähriger deutsch-türkischer Mann vor dem Landgericht, der Erdoğans Worte offenbar ernst genommen hatte. Im Juni 2021 hatte er an der südlichen Wand der Ulmer Synagoge »eineinhalb bis zwei Liter Benzin« ausgegossen und den Brennstoff angezündet. Dann floh er.

Zu dieser Zeit befand sich zum Glück niemand in der Synagoge. Der Täter setzte sich in die Türkei ab. Die Polizei fahndete nach ihm, aber die türkischen Behörden lieferten ihn nicht aus.

Als er 2023 über den Stuttgarter Flughafen wieder einreiste, nahmen ihn die Behörden fest. Einem psychiatrischen Sachverständigen gegenüber gestand der Mann in Untersuchungshaft, er habe auf das Leid der Palästinenser im Zuge der Auseinandersetzung mit Israel ein Zeichen setzen wollen. »Wenn die anderen nichts machen, mache ich selber was«, habe er dem Sachverständigen gesagt, hieß es zum Prozessauftakt.

Es bleibt nie bei Worten.

Sie haben schlecht über Hitler geredet. Aber was ist der Unterschied zu Hitler? Sie bringen uns dazu, Hitler zu vermissen. Ist das, was dieser Netanjahu tut, weniger als das, was Hitler tat? Das ist es nicht (Erdoğan, 2023).[57]

Für Erdoğan ist klar: Die Juden sind schlimmer als die Nazis.

Kein Kommentar. Oder doch: Fahr zur Hölle!

KAPITEL 8

Mein amerikanischer Cousin

»Wir haben an dieses Land geglaubt. Wir haben an Donald Trump geglaubt. Weil er die Steuern senken und für Israel sein wollte«, sagt Aaron. »Er hat uns nicht enttäuscht. Meine Freunde haben mich im Stich gelassen.«

Ich erkenne meinen Lieblingscousin nicht wieder.

Anfang Dezember, acht Wochen nach den Massakern, hatte ich meine amerikanische Familie und Aaron in Los Angeles besucht. Nach vielen Jahren wieder einmal. Ich musste raus aus Deutschland. Andere Luft atmen. Wenigstens für ein paar Tage.

Wieder fällt mir auf, wie selbstverständlich es hier ist, jüdisch zu sein. Synagogen, wohin man schaut, jüdische Feinkostgeschäfte und Devotionalienläden, koschere Metzgereien, die eine oder andere Knish Bakery geht zurück auf die ukrainischen Einwanderer aus der Mitte des 19. Jahrhunderts.

Die achtarmigen Leuchter mit dem neunten, dem Dienerlicht, deren Kerzen am Lichterfest – jeden Tag eines mehr – angezündet werden, sind allgegenwärtig, erkennbar orthodoxe Jüdinnen und Juden im Straßenbild eine Selbstverständlichkeit.

Welcome to L. A. Allein rund 35 000 iranische Juden leben in dieser Stadt. Das ist die größte persisch-jüdische Gemeinde außerhalb Israels. Fast gleich groß ist die Zahl der Israelis, die sich hier niedergelassen haben. Hinzu kommen mehr als eine halbe Million Jüdinnen und Juden, die seit Generationen im Raum von Greater Los Angeles wohnen und deren Wurzeln sich über den gesamten Globus erstrecken.

Juden haben hier Geschichte geschrieben. Politik gemacht. Hollywood geprägt. Das amerikanische Kino und Fernsehen wären ohne das Heer jüdischer Schauspielerinnen und Schauspieler wie Kirk Douglas, Peter Lorre, Shelley Winters, Walter Matthau, Barbra Streisand, Dustin Hoffman, Winona Ryder oder Harrison Ford undenkbar. Regisseure wie Cecil B. DeMille, Michael Curtiz, Billy Wilder, Mel Brooks, Sidney Lumet und Steven Spielberg verhalfen den Studios zu Größe und haben Los Angeles neben New York zu einem künstlerischen Zentrum der USA gemacht. Kein Wunder also, dass Bertolt Brecht, Heinrich und Thomas Mann, Franz Werfel oder der Komponist Arnold Schönberg im Exil an der Westküste lebten.

Bright Lights, big City. Vor allem, wenn man aus Witten kommt.

Aber dieses Mal fühlt es sich anders an. Westwood hat sich verändert. Das Viertel zwischen Sunset Boulevard, Beverly Hills und Santa Monica Boulevard ist stiller geworden. Es hängt ein Schatten über den Straßen. An vielen Wänden sehe ich antisemitische Parolen. Niemand scheint sich mehr die Mühe zu machen, sie zu entfernen. In einer Pfütze schwimmt der Rest eines Flugblattes, auf dem Juden für praktisch alle Missstände in den USA verantwortlich gemacht werden: das marode Gesundheitssystem, den Rassismus, die soziale Schieflage.

Solche Flyer sind nicht erst seit dem 7. Oktober Alltag. Schon ein Jahr zuvor waren antisemitische Pamphlete über Nacht in Beverly Hills und Westwood aufgetaucht. Jüdische Anwohner fanden sie auf ihren Grundstücken und Türschwellen vor. Aktivisten der iranisch-jüdischen Gemeinde erstatteten Anzeige; die Polizei von Beverly Hills sammelte die verteilten Zettel ein und nahm Ermittlungen auf.

»Es ist wirklich beängstigend, wenn bei uns zu Hause dieselben Ideen und jüdischen Verschwörungstheorien auftauchen wie damals im Iran«, sagte dazu ein jüdisch-iranischer Anwohner aus Westwood gegenüber dem Nachrichtensender ABC News.[58]

An einer Brücke über den Highway 405 prangte einige Monate zuvor der Spruch: »Ye was right!« – in Anspielung auf den einflussreichen Rapper Kanye West (er nennt sich »Ye«). Der Musiker hatte mehrfach antisemitische Sprüche von sich gegeben, die von Goebbels hätten stammen können. Polizeibeamte entfernten das Transparent, das offenbar eine Gruppe Neonazis angebracht hatte. Über antisemitische Flugblätter hatten jüdische Anwohner bereits zu Pessach in Beverly Hills und Westwood und an Yom Kippur in San Marino und Pasadena berichtet.

»Bösartige und verleumderische antisemitische Angriffe wie diese nehmen in den Vereinigten Staaten zu«, sagte Rabbi Noah Farkas, Präsident der Jewish Federation of Greater Los Angeles, im Gespräch mit ABC News.[59] Ob in Los Angeles oder New York: Die Anzahl antisemitischer Zwischenfälle und judenfeindlicher Gewalt explodiere geradezu. »Der Judenhass in diesen Tagen ist ein erneuter Weckruf«, mahnte Kaliforniens Gouverneur Gavin Newsom.[60] Und sogar Präsident Joe Biden ließ nach den judenfeindlichen Vorfällen in der Folge des 7. Oktobers seinen Sprecher verkünden: »Solange ich Präsident bin, werden wir Antisemitismus verurteilen, wann auch immer er sich zeigt.«[61]

Laut einer im April 2022 veröffentlichten Erhebung der Anti-Defamation League (ADL) hatten antisemitische Vorfälle wie Körperverletzung, Belästigung und Vandalismus im Jahr 2021 den bisher höchsten Wert erreicht, seit die Organisation 1979 mit der Zählung derartiger Straftaten begonnen hat.[62] An Pessach des Jahres 2019 hatte der 19-jährige Attentäter John Earnest in San Diego mit einem Sturmgewehr auf die Besucher einer Synagoge gefeuert. Er tötete einen Menschen und verletzte drei weitere, darunter einen Rabbiner und ein achtjähriges Mädchen. Die Familie des Mädchens war vor den Raketenangriffen der Hamas aus Israel geflohen. Ihr Haus in Kalifornien war von Vandalen mit antisemitischen Parolen beschmiert worden. Derselbe Attentäter hatte zuvor einen Brandanschlag auf eine Moschee in Escondido bei San Diego verübt.

Ungesundes Klima für Juden in dieser Zeit.

Meine Verwandten und Aaron freuen sich überschwänglich. Küsse, im Wohnzimmer und im Garten spielen viele Kinder, meine Tante hat Tahdig gekocht. Ein Fest! Aber die Stimmung ist anders als früher. Auch vor der Haustür unserer Verwandten waren antisemitische Flyer platziert worden. Jemand hatte sie in jener Nacht auf den »Welcome«-Fußabstreifer gelegt. Immer wieder mal finden sie im Briefkasten Beleidigungen, die man durchaus als Drohung verstehen kann.

Aaron sieht wie immer blendend aus. Ein Sonnyboy, Ende zwanzig, ein orientalischer Tom Cruise. Er wuchs in Westwood auf, unter seinesgleichen. Er ist Amerikaner, Jude und Israeli durch und durch. Und er glaubte an den amerikanischen Traum. »Er ist ein Arschloch«, sagte er 2016 zu mir über den republikanischen Präsidentschaftskandidaten Trump, »aber auf Seiten Israels und für niedrige Steuern.« Aaron trägt am liebsten edle Anzüge, sein Auto ist groß und teuer. Im September war er als Anwalt vor der kalifornischen Kammer eingeschworen worden. Stolz hatte er mir Bilder geschickt. »Bereit zu neuen Ufern meiner juristischen Reise!« Doch jetzt hat auch Aaron sich verändert.

Meine Familie in Amerika ist reich. Anders als wir. Sie haben sich diesen Reichtum selbst erarbeitet. Mit nichts als einem Koffer waren sie angekommen. Onkel Medat hat viel Geld mit eigenen Drogerien und Schmuckgeschäften verdient. Zwei Tanten studierten in New York Medizin und sind heute Chirurginnen. Sie amputieren Brüste von Krebspatientinnen.

Ich habe immer mit einer Mischung aus Angst und Respekt auf dieses schillernde Amerikatum geblickt. Aaron hat an einer angesehenen Universität der »Ivy League« studiert und ist als Einwandererkind Rechtsanwalt geworden. Er hat es geschafft. Er könnte sich jetzt in seinem eigenen Erfolg und dem Reichtum der Familie sonnen. Doch dieser Antisemitismus in seinem eigenen Land trifft ihn ins Mark. Die DNA der USA war bisher: Wir stehen an der Seite Israels und der Juden. Jetzt sagt er zu mir: »Ich hätte das niemals für möglich gehalten.« Was war passiert?

Die renommierteste Universität der Welt, die Harvard University in Cambridge, Massachusetts, zählt acht amerikanische Präsidenten in den Reihen ihrer Absolventen sowie 50 Nobelpreisträger unter ihren gegenwärtigen und ehemaligen Professoren – darunter nicht wenige jüdischer Provenienz. Wehten über dem Campus nach Putins Angriff auf die Ukraine 2022 noch blau-gelbe Fahnen, kam es in Harvard nach dem 7. Oktober zu keinerlei Anteilnahme der Studierenden gegenüber den israelischen Opfern.

Stattdessen geschah das Gegenteil. Mehr als 30 Studentengruppen veröffentlichten am Tag darauf – während einzelne Hamas-Terroristen noch im Süden des Landes wüteten – einen Brief, in dem die Gräueltaten der Hamas Israel selbst angelastet wurden. Man müsse sich jetzt »klar gegen koloniale Vergeltungsmaßnahmen positionieren«.[63]

Überall an den Elite-Unis der »Ivy League« das gleiche Bild: Anstatt die Gräueltaten der Terroristen zu verurteilen, fanden in den Tagen und Wochen danach riesige Pro-Palästina-Demos statt. An der University of Pennsylvania war auf einem Transparent zu lesen: »Die Universitätsverwaltung unterstützt Kriegsverbrechen«. Die brutalen Morde waren kein Anlass für Empörung, sondern Anlass, den »Widerstand« zu feiern. Jüdische Studenten wurden bespuckt, niedergebrüllt und bedroht. An der Cooper Union in New York mussten sich jüdische Studierende auf der Flucht vor Pro-Palästina-Demonstrierenden in einem Seminarraum verbarrikadieren. Sie nahmen ein Video auf. Man hört darauf Schreie, jemand rammt immer wieder gegen die Tür.

Rund 1500 jüdische Harvard-Absolventen schrieben einen Brief an die Universitätsleitung: »Wir wären niemals auf die Idee gekommen, dass es eines Tages notwendig sein würde, in Harvard darauf hinzuweisen, dass Terrorismus gegen Zivilisten sofort und unzweideutig verurteilt werden muss.«[64] Im November manifestierte sich die Spaltung auf dem Campus. Jüdische Studierende klebten Plakate mit Bildern von der Hamas verschleppter Kinder und anderer Geiseln in Gänge und Hörsäle ihrer Fakultäten. Arabischstämmige und von postkolonialen Ideen beseelte Kommilitonen rissen sie wieder ab. Jüdische Studenten schwangen Israel-Flaggen vor der Statue John Harvards. Ein paar Meter entfernt lagen in rote Farbe getränkte Laken und eine überdimensionale Papierrolle auf dem Rasen. Eine Installation des »Palestine Solidarity Committee«, darauf handschriftlich Tausende Namen von Palästinensern, die von Israelis getötet wurden. Viele Studierende legten Blumen nieder. Chats mit antisemitischem Inhalt kursieren an den Unis noch immer.

In einer Anhörung vor dem US-Kongress auf Initiative des von den Republikanern geführten Bildungsausschusses Anfang Dezember 2023 wurden die drei Präsidentinnen von Harvard, der University of Pennsylvania und des Massachusetts Institute of Technology gefragt, ob sie es als Mobbing ansähen, wenn Studierende an ihren Universitäten zum Völkermord an Juden aufriefen. »Das kann sein, es kommt auf den Kontext an«, sagte die erste schwarze Harvard-Präsidentin Claudine Gay, es hänge davon ab, ob sich der Aufruf gegen die Juden als Gruppe oder einzelne Individuen richte.

Dazu schrieb der in New York lebende und aus Deutschland stammende jüdische Journalist und Autor Hannes Stein: »Sie sind völlig unfähig, die Frage mit einem einfachen Ja zu beantworten. Während der antisemitische Mob tobte und die Juden nur beten konnten, dass die Tür standhält, hatten die Autoritäten, die Juden eigentlich schützen müssten, sie im entscheidenden Moment verraten und dem Mob ausgeliefert.«[65]

Die Bewegung der postkolonialen Linken leistet auch in den USA ganze Arbeit. »Die Erzählung, dass Israel ein kolonialer Siedlerstaat sei, der im Nahen Osten nichts verloren habe und tagtäglich die Palästinenser ausrotte, gilt heute vielen nichtjüdischen amerikanischen Studenten als ebenso evident wie der zweite Hauptsatz der Thermodynamik«, sagt Stein.

Nach nur sechs Monaten im Amt trat die Präsidentin Harvards zurück. Zuvor hatte die Präsidentin der University of Pennsylvania ihr Amt niedergelegt. Der jüdische Harvard-Student Sam Warach kommentierte das in unserer Zeitung so: »Der Rücktritt von Claudine Gay ist nur ein kleiner Schritt im Kampf gegen den systemischen Antisemitismus. Als Jude in Harvard habe ich die letzten Monate selbst erlebt, wie meine Universität für mich und wohl jeden, der in irgendeiner Verbindung zu Israel stand, zu einer feindseligen Umgebung wurde.«[66]

Es ist paradox. Juden in den USA gelten traditionell als liberal und progressiv, besonders die jungen. Im ersten Präsidentschaftswahlkampf Barack Obamas versuchte zum Beispiel die jüdische Stand-up-Komikerin und Schauspielerin Sarah Silverman die Wähler mit einem Video zu mobilisieren: »The Great Schlep« nannte sie es, was so viel wie »Die große Anstrengung« bedeutet.[67] Silverman überzeugte damit rund 25 000 junge Juden, nach Florida zu reisen, um ihre Großeltern, die dort ihren Lebensabend genossen, von Obama zu überzeugen. Der Coup gelang: Der Staat fiel nicht zuletzt aufgrund des jüdischen Züngleins an der Waage an Obama, den Kandidaten der Demokraten.

Von Martin Luther Kings Marsch auf Washington bis zur Black-Lives-Matter-Bewegung war stets eine große Mehrheit progressiver Juden in den USA aufseiten der Underdogs. Und ausgerechnet in dem Moment, wo sie einmal selbst Unterstützung und womöglich Trost gebraucht hätten, fallen ihnen die schlauesten Köpfe der Nation in den Rücken? Warum?

Die postkoloniale Sichtweise und der neue, linke Antisemitismus scheinen an den Kaderschmieden der amerikanischen Eliten prächtig zu gedeihen.

Anfang der Siebzigerjahre erst wurde der erste schwarze Professor an die Harvard Law School berufen, Derrick Bell. Er entwickelte maßgeblich die »Critical Race Theory«, wonach Rassismus gesellschaftlich verankert ist und auf die sich Follower der postkolonialen Strömung ähnlich wie auf den Australier A. Dirk Moses berufen. In den mitunter fast wörtlichen Schwarz-Weiß-Malereien postkolonialer Erklärungsschemata ist Israel nichts weiter als der verlängerte Arm reicher weißer alter Männer, die seit jeher die Welt unter sich aufteilen und für alles Leid darin aus Macht- und Habgier verantwortlich zeichnen.

An vielen amerikanischen wie deutschen Universitäten verfängt die enge Gut-und-Böse-Theorie, der in den USA aber auch Tieferes zugrunde liegen mag: Der Krieg in Israel könnte als eine Art Stellvertreterkonflikt für einen ganz anderen Machtkampf gedeutet werden, der im zerrissenen Amerika dieser Tage tobt: Arm gegen reich, Schwarz gegen Weiß, alte Eliten gegen soziale Aufsteiger.

Auf der einen Seite droht eine zweite Amtszeit von Donald Trump, auf der anderen Seite gewinnen junge, migrantische Streiterinnen stetig an Macht und Einfluss – wie etwa Ilhan Omer, Alexandria Ocasio-Cortez und Rashida Tlaib. Diese jungen, radikalen Abgeordneten sind die neue Linke in der Demokratischen Partei. Sie stehen für eine grüne Politik, Mindestlohn und staatliche Krankenversicherung. Zugleich bezichtigen sie Israel der Apartheid und unterstützen unverhohlen die Aktivitäten des antisemitischen BDS. Der Konflikt zwischen Israel und den Palästinensern ist in den USA längst in einen nationalen Kulturkampf hineingezogen worden.

Kein Wunder, dass mein Cousin Aaron seine Welt nicht mehr versteht. Alles war so klar: Er konnte im gelobten Land von Westwood jüdisch sein *und* amerikanisch, israelisch *und* persisch. Er war Jude und beliebt auf seiner Universität. Aber nun hatte sich die neue intellektuelle Welt und künftige Elite des Landes, zu der er gehören wollte, gegen ihn gewandt.

Der iranisch-amerikanische Traum, der uns im fernen Deutschland so beindruckt hatte, hat Risse bekommen. Der reiche Cousin USA gerät offenbar gefährlich ins Wanken.

Zum Abschied versprechen wir, einander bald wieder zu besuchen. Zurück in Berlin stellt sich mir die Frage: Ist auch Amerika kein sicherer, unbeschwerter Ort für uns Juden mehr? Da schickt mir Aaron eine WhatsApp.

Er werde Trump wiederwählen. Aus Prinzip.

Der Shmock.

KAPITEL 9

Kurze Welle mit langen Folgen

Zeesen im Landkreis Dahme-Spreewald in Brandenburg zählt 5882 Einwohner.

Das malerische Örtchen am gleichnamigen See mit dem Herrenhaus, in dem Gustaf Gründgens, Göring-Protegé und Generalintendant der Preußischen Staatstheater, einst residierte, gehört seit 2003 zur Stadt Königs Wusterhausen. Das »Mephistohaus« – in Anspielung auf Gründgens' Paraderolle und den Schlüsselroman von Klaus Mann – ist heute verwaist. Gründgens hatte es 1934 unter fragwürdigen Umständen von der jüdischen Familie Goldschmidt erworben.

Zeesen erfreut sich im Sommer zahlreicher Besucher, aber nur wenige Badegäste werden wissen, dass von dort aus am 7. Juli 1942 ein nationalsozialistischer Auslandssender auf Kurzwelle Muslime in der arabischen Welt, Persien, Indien und in der Türkei zum Dschihad gegen Juden aufrief:

Achtung, Achtung! Hier ist Berlin, Königs Wusterhausen und der deutsche Kurzwellensender! Tötet die Juden, die Euer Vermögen an sich gerissen haben und einen Anschlag auf

Eure Sicherheit planen. Araber Syriens, des Irak und Palästinas, worauf wartet Ihr? Die Juden haben vor, Eure Frauen zu schänden, Eure Kinder umzubringen und Euch zu vernichten. Nach der muslimischen Religion ist die Verteidigung Eures Lebens eine Pflicht. Tötet die Juden, steckt ihren Besitz in Brand, zerstört ihre Geschäfte. Eure einzige Hoffnung auf Rettung ist die Vernichtung der Juden, ehe sie Euch vernichten.

Der Sender war zu diesem Zeitpunkt schon seit drei Jahren aktiv. Von 1939 bis 1945 funkte die rund 80-köpfige Orientredaktion des NS-Auslandssenders aus Zeesen jeden Abend nach Nordafrika, Indien und in die Türkei. Die Propagandaprofis überließen nichts dem Zufall. Sie verpflichteten Sprecher, die des Arabischen, Persischen und Türkischen in allen Dialekten mächtig waren, und garnierten das Programm mit populärer arabischer oder persischer Musik und Unterhaltung – nach dem Vorbild des »Volksempfängers«. Zu Beginn verlasen sie Suren des Korans. Dann kamen die Nachrichten.

Aus dem Führerhauptquartier, 30. Oktober. Das Oberkommando der Wehrmacht gibt bekannt: In Nordafrika bombardierten deutsche Kampfflugzeuge einen britischen Flugplatz und Hafengebiete im Nildelta.

Solche Neuigkeiten hörte man in den von England und Frankreich besetzten Ländern gern. Die Strategie war simpel: Im Weltkrieg sollten die Araber in den Kolonien von Marokko bis zum Sudan so billig wie willig für Destabilisierung sorgen und so die Kriegsinteressen der Deutschen unterstützen. Gleichzeitig würden sie das »Judenproblem« auch dort zu lösen helfen.

Setzten die Nazis zu Beginn noch auf Propagandathemen wie »die Weltverschwörung der Juden« und die Rassentheorie, bekamen sie schnell Rückmeldung des ihnen verbundenen Großmuftis von Jerusalem und SS-Mitglieds, Mohammed Amin al-Husseini, dass die Idee einer minderwertigen Rasse in der arabischen Welt nicht verfing. Noch nicht.

Also studierten die Redakteure in Zeesen unter Beratung al-Husseinis den Koran und änderten ihre Strategie. Fortan funkte der Sender antijudaistische Suren Mohammeds und versuchte, sie mit der NS-Ideologie in Einklang zu bringen. »Man hat dort verbreitet, dass Mohammed gegen die Juden gekämpft hat und dass Hitler dies heute auch tut«, erklärt der langjährige Professor für Geschichte an der University of Maryland, Jeffrey Herf, der sich intensiv mit der Agitation des Radiosenders und dessen Wirkung in der Region beschäftigt hat.[68] Diese neue Herangehensweise war ausgesprochen erfolgreich.

Mohammed wurde um 570 in Mekka geboren und er starb 632 in Medina. Der Überlieferung nach hat er seine Eltern früh verloren und ist bei Verwandten aufgewachsen. Mit seinem Onkel unternahm er Handelsreisen nach Syrien, lebte als Kaufmann in Mekka und heiratete seine erste Frau. Sie bekamen eine Tochter, Fatima. Um das Jahr 610, im Alter von etwa 40 Jahren, soll er die erste Offenbarung in einer Höhle des Bergs Hira nahe Mekka empfangen haben, als ihm der Erzengel Gabriel erschien. Im Laufe von über zwei Jahrzehnten wurden aus diesen

Offenbarungen 114 in Reimform verfasste Suren, die zusammen den Koran bilden, die Heilige Schrift des Islam.

Ist der Hass auf Juden in Mohammeds Suren bereits angelegt? Vor allem auf Sure 5, Vers 60, wird hingewiesen, wenn es um diese Frage geht: »Sag: ›Soll ich euch von etwas Schlimmerem prophezeien, von Gottes Vergeltung? Von dem, den Gott verflucht hat, und auf den er zornig ist; und aus ihnen hat er Affen und Schweine und Götzendiener gemacht. Die sind schlimmer dran und weiter vom rechten Weg abgeirrt.‹«

Für Hamed Abdel-Samad ist der Koran »ein Buch, das die Entwicklung einer Religionsgemeinschaft und die inneren Konflikte des Propheten Mohammed beschreibt. Da gibt es grandiose Momente, aber auch Verfehlungen, Frustrationen und Ängste. Viele Verse widersprechen einander, die einen propagieren Mitgefühl, die anderen Hass. Frieden und Gewalt, Vergebung und Rache – all das existiert parallel.«[69]

Der in Ägypten geborene Islamwissenschaftler kam im Alter von 23 Jahren nach Deutschland. Er war Mitarbeiter der Unesco, lehrte in Erfurt und war am Institut für Jüdische Geschichte und Kultur in München tätig. Abdel-Samad war lange Zeit Mitglied der Deutschen Islam Konferenz. In seinem ersten Buch »Mein Abschied vom Himmel«, das mich schon damals fasziniert hat, beschreibt er eindrücklich, wie er sich als junger Mann in Ägypten der islamistischen »Muslimbruderschaft« anschloss, von den fanatischen Muslimen aber enttäuscht und missbraucht wurde.

In seinem Buch »Der Koran« bezeichnete er die religionsstiftenden Suren zugleich als »Botschaft der Liebe« und als »Botschaft des Hasses«. »Ich liebe die spirituellen Passagen, in denen beschrieben wird, dass Gott das Licht der Erde ist. Auch die frühen, kurzen Suren aus Mohammeds Zeit in Mekka sind lyrisch und von großer Sprachgewalt«, sagt Abdel-Samad. »In Mekka hatte Mohammed nur einige Dutzend Anhänger. Nach seiner Flucht nach Medina wuchs die Gemeinde – er wurde vom Warner zum geistigen Führer, zum Staatsoberhaupt, Finanzminister, Gesetzgeber, Richter und Polizisten zugleich.«[70]

Viele kennen Hamed Abdel-Samad als das Gesicht des »Arabischen Frühlings«, als in Tunesien und Ägypten der Aufstand junger Muslime gegen das 30 Jahre währende Regime von Muhammad Husni Mubarak begann und Hamed live vom Tahrir-Platz für die ARD berichtete. Später drehte er mit Henryk M. Broder die erfolgreiche Fernsehdoku »Deutschland-Safari«.

Hamed hat sich früh vom Islamismus losgesagt. Er schreibt heute Islam-kritische Bücher und fordert öffentlich eine zeitgemäße Textkritik des Korans sowie eine Reform des Islam. Nach einem Vortrag in Kairo 2013 wurde er durch radikale Geistliche mit einer Todes-Fatwa belegt, wie vor ihm der indisch-britische Schriftsteller Salman Rushdie. Hamed Abdel-Samad musste untertauchen. Ich telefoniere ab und zu mit ihm, er schreibt regelmäßig für unsere Zeitung Kommentare und Artikel. Das letzte Mal saß ich mit ihm in einem Café in der Nähe des Potsdamer Platzes in Berlin. Ich sah sie nicht, aber sie waren da: Je nach Gefahrenlage leben er und seine Frau mit fünf bis neun Personenschützern. Rund um die Uhr.

Zu Beginn seiner Offenbarungen am Berg Hira war der Prophet jüdischen Traditionen noch zugewandt. Nach seinem Auszug nach Medina 622 vertrieb er Stämme der Juden und brachte Hunderte von ihnen um. Seine Hoffnung, er könne die »Menschen des Buches«, Juden und Christen, von seiner Religion überzeugen, war enttäuscht worden. Danach ist seine Haltung eine andere: »Ihr Gläubigen, nehmt euch nicht die Juden und Christen zu Freunden!«, heißt es in Sure 5 (Vers 51).

Juden wurden im Einflussbereich des Islam als feige und erniedrigte Zeitgenossen betrachtet. Auf diese Angriffe gegen die Juden in Medina beziehen sich auch die Worte »Chaibar, Chaibar, Juden! Mohammeds Armee kehrt zurück«, die der Familie meiner Mutter in Teheran und mir in den Straßen von Berlin entgegenschallten.

Juden galten wie die Christen als *Dhimmis* – als »Schutzbefohlene«, als Menschen zweiter Klasse. Sie hatten eine »Kopfsteuer« zu entrichten, deren Auszahlung oft mit öffentlichen Demütigungen wie Schlägen einherging. Nur so konnten sie sich Schutz erkaufen, auf islamischem Gebiet leben und ihre Religion ausüben.

In diesem Kontext steht möglicherweise die Schweine-Sure, die sich zunächst nicht explizit gegen alle Juden richtet, sondern gegen die »Sünder« unter ihnen. Die darauffolgenden Verse allerdings verdammen die Juden und deren Führer. Und an späteren Stellen wird der Koran eindeutig.

Im »Schwertvers« der Sure 9 heißt es: »Dann tötet die Heiden, wo ihr sie findet, greift sie, umzingelt sie und lauert ihnen überall auf.« Ab dem Jahr 624 werden die Juden wie Christen zu »Ungläubigen« erklärt. In Sure 9 sind »die Ungläubigen Schmutz« (Vers 28). In Vers 29 der Sure 9 ist es bereits Pflicht, gegen sie Krieg zu führen, bis sie sich unterwerfen.

»Die Sure 9 ist das finale Vermächtnis, das allerletzte Manifest, ein Dokument des Hasses und der Gewalt. Allen Ungläubigen – also Christen und Juden, aber auch Zweiflern unter den Muslimen – wird der Krieg erklärt. Sie sind unreine Heuchler und müssen eliminiert werden«, sagt Abdel-Samad.

Als ich mit dem Freiburger Islamwissenschaftler Abdel-Hakim Ourghi ein Gespräch zu seinem neuen Buch »Die Juden im Koran. Ein Zerrbild mit fatalen Folgen« führe, sagt er:

»Der Koran skizziert ein regelrechtes Programm für die Verachtung der Juden, das auf der Auffassung gründet, dass die Juden auf ewig Feinde der Muslime bleiben werden. Er legalisiert den Status der Unterlegenheit der Juden und legitimiert somit ihre Unterwerfung, sogar Vertreibung und Tötung.«[71]

Ich bin kein Kenner des Islam und des Korans. Aber wenn ich diese Passagen lese, dann verstehe ich ihn auch als Laie. Der heutige muslimische Antisemitismus in Deutschland unterscheidet sich jedoch deutlich von den antijudaistischen Botschaften Mohammeds des 7. und 8. Jahrhunderts. Der Judenhass, der in den Moscheen in Berlin-Wedding oder in Köln gepredigt wird, sowie jener, den muslimische Einwanderer aus ihren Heimatländern in unser Land bringen, wurde durch den europäischen Judenhass des 19. Jahrhunderts noch »bereichert«.

Der europäische Antisemitismus speist sich vor allem aus der christlichen Überlieferung, nach der die Juden für den Tod von Gottes Sohn verantwortlich sind. Die schließlich daraus entstandene Idee des rassischen Antisemitismus unterscheidet sich vom religiösen Antijudaismus der Muslime des 8. Jahrhunderts.

Beide Komponenten verschmolzen erst während der Weltkriege zum »modernen« muslimischen Antisemitismus. Der verbindet heute beide historischen Strömungen miteinander. Deutlich wird das zum Beispiel durch ein vermeintliches Mohammed-Zitat, das die palästinensische Terrororganisation Hamas 1988 in Artikel 7 ihrer Gründungscharta einbaute: Die Muslime würden die Juden töten, »bis sich der Jude hinter Stein und Baum verbirgt, und Stein und Baum dann sagen: ›Oh Muslim, oh Diener Gottes! Da ist ein Jude hinter mir. Komm und töte ihn.‹«

Dieser Passus enthält wieder das mohammedanische Motiv der »Feigheit« und »Schwäche«. Artikel 22 der Charta betont aber auch, die Juden stünden »hinter dem Ersten Weltkrieg ... und hinter dem Zweiten Weltkrieg«. Zudem hätten sie die Bildung der Vereinten Nationen angeregt, »um damit die Welt zu beherrschen«.[72] Dieser Paragraf trägt die antisemitische Handschrift des europäischen Bildes von Juden.

»Deutschland hat Sondergesetze erlassen. Die Juden leben separiert ... Die Araber sind auf dem Wege, die jüdische Be-

drohung zu beseitigen. Wie groß auch die Hindernisse sein mögen, wie lange es auch dauern mag, die Araber werden ihr Ziel erreichen«, funkte Radio Zeesen am 19. Mai 1943 in die muslimische Welt.

Der Radiosender hat mit seinem Programm zur Verknüpfung beider Traditionen beigetragen, meint der Historiker Matthias Küntzel.[73] Denn erst »in den Dreißigerjahren kam es zu einer flächendeckenden und systematischen Verbreitung des europäischen Antisemitismus im arabischen Raum«. Es war also maßgeblich das Werk der deutschen Nationalsozialisten, den Judenhass eigener Prägung in den Nahen Osten zu bringen. Zum einen wollte Hitler einen jüdischen Teilstaat torpedieren, den England ins Spiel gebracht hatte, zum anderen hatte er al-Husseini versprochen, sich bei Gelegenheit auch der Vernichtung der mehr als 700 000 Juden der Region zu widmen.

Mohammed Amin al-Husseini gilt in der pan-arabischen muslimischen Welt nach wie vor als Held. 1921 von Großbritannien im Protektorat eingesetzt, ernannte sich der islamische Nationalist kurzerhand zum Führer der Palästinenser und dirigierte den Arabischen Aufstand gegen die Briten, jüdischen Einwohner und Flüchtlinge des Holocaust. Ab 1937 kollaborierte er offen mit den Nationalsozialisten, deren glühender Anhänger er seit ihrer Machtergreifung war. Zwischen 1941 und 1945 lebte er in Deutschland. Er mischte bei der deutschen Judenvernichtung kräftig mit, zeichnete für die Deportation Tausender jüdischer Kinder in die Konzentrationslager verantwortlich, traf Hitler, Himmler und Eichmann, erhielt monatlich zwischen 75 000 und 90 000 Reichsmark für seine Propagandatätigkeit und warb für die Wehrmacht Muslime auf dem Balkan an. Als Kriegsverbrecher angeklagt, genoss er nach 1945 politisches Asyl in Ägypten und starb 1974 in Beirut. Er war verwandt mit dem PLO-Führer Jassir Arafat und gilt als einer seiner Lehrer.

Al-Husseini war das ideale Werkzeug. Er unterstützte und beriet persönlich den Zeesener Sender und hielt selbst Hetzreden gegen Juden in lokalen Radiosendern und exportierte die NS-Propaganda in arabische Länder. 1937 wiederum erschien in mehreren Sprachen das von den Nazis zusammengestellte Pamphlet »Islam-Judentum. Aufruf des Großmufti an die islamische Welt«. In großer Stückzahl im Nahen Osten verbreitet, stellt es die erste schriftliche Verbindung aus antijudaistischen Passagen des Korans und antisemitischen Botschaften europäischer Prägung dar.

In ihm beruft sich der Mufti auf Mohammeds Verse und die antijüdischen Motive darin. Der Text beschwört eine Art Erzfeindschaft zwischen Juden und Muslimen und beschreibt Juden zugleich als »große Geschäftsleute«, »Mikroben« oder Verursacher der Pest. Juden besäßen, behauptet das Pamphlet, von jeher eine »bösartige Natur«. Das deckt sich mit antisemitischen Kernaussagen der Nationalsozialisten. Die Schrift schließt: »Kämpft für den islamischen Gedanken, kämpft für eure Religion und euer Dasein! Gebt nicht eher Ruhe, bis euer Land von den Juden frei ist.«[74]

Der Zeesener Sender erfreute sich in der arabischen Welt bald großer Beliebtheit. »Und selbst Araber, die dem Nazireich distanziert gegenüberstanden, ergötzten sich an dem drastischen Judenhass«, schreibt Küntzel. Er kommt zu dem Schluss: »Mit ihrem theologisch angepassten Antisemitismus veränderte diese Radiopropaganda das Bild vom Juden in der arabischen Welt.«[75]

Im Jahr 2014 führte die amerikanische Anti-Defamation League eine aufschlussreiche Erhebung über die Langzeitfolgen des Senders durch. Sie befragte Muslime im Nahen Osten und Nordafrika, wo der Sender damals empfangen werden konnte, und in Asien, wohin Zeesen nicht funkte. Das Ergebnis war verblüffend: 75 Prozent der Befragten im Nahen Osten stimmten antisemitischen Aussagen zu – gegenüber nur 37 Prozent in Asien. Der Satz »Juden sind für die meisten Kriege der Welt verantwortlich« ist laut dieser Studie für 65 Prozent der Araber »möglicherweise wahr« – und nur für 20 Prozent der Befragten in Asien.

Zeesens lange Wirkung ist rasch erzählt. In der Massenbewegung der 1928 in Ägypten gegründeten Muslimbruderschaft wirkte das nationalsozialistische Gedankengut besonders nach. Sie war für ihre Pogrome gegen Juden von den Nazis auch finanziell unterstützt worden.

Ab den Fünfzigerjahren kursierte die Hetzschrift »Unser Kampf gegen die Juden« des Muslimbruders Sayyid Qutb. Sie verbindet antijudaistische Koranstellen mit der judenfeindlichen Verschwörungstheorie der »Protokolle der Weisen von Zion«. Juden waren darin nicht mehr die Opfer, sondern die Herrscher der Welt.

Qutb setzte auf die Unmöglichkeit einer Koexistenz von Islam und Judentum: Die Juden würden erst »mit der Zerstörung des Islam zufrieden sein«. Hitler wird in seiner Streitschrift als ein »von Allah gesandter Führer« gepriesen, der die Juden mit dem Holocaust »bestraft« habe.

Nach der Niederlage der Araber im Sechstagekrieg 1967 verbreitete das saudische Königshaus das Pamphlet großflächig in der arabischen Welt. Im Iran berief sich Ayatollah Khomeini auf Qutbs Schrift und erklärte die Zerstörung Israels zu einem seiner wichtigsten Ziele. Wenige Jahre später gründete sich die Hamas. Nirgendwo in der Welt ist der Hass auf Juden so stark verbreitet wie in muslimisch geprägten Gesellschaften. Kein Wunder, dass Hitlers »Mein Kampf« und die »Protokolle der Weisen von Zion« seit Jahrzehnten Dauerbestseller in der islamischen Welt sind. Kein Wunder, dass Geschäfte in Gaza den Namen »Hitler« tragen. Über das Internet und Satellitenfernsehen gelangt dieser Hass in die ganze Welt und auch nach Deutschland.

Folgt man der These von Jeffrey Herf, haben die Deutschen den muslimischen Antisemitismus in dieser Form überhaupt erst erschaffen – und er kehrt nun über Einwanderer und Migranten aus vielen arabischen und muslimischen Staaten zu uns zurück. In ihm verbindet sich das antijudaistische Element des Korans mit dem rassistisch-mörderischen des Nationalsozialismus.

Diesen muslimischen Judenhass bekommen wir täglich in den Straßen von Berlin, München oder Frankfurt zu spüren. 2021 und 2022 wurden jeweils über 2500 antisemitische Vorfälle registriert. Das sind mehr als sechs jeden Tag. Noch erschreckender: Etliche Studien lassen den Schluss zu, dass nur die allerwenigsten Vorfälle zur Anzeige gebracht werden und die Dunkelziffer mindestens 80 Prozent höher liegt.

Mit dramatischen Folgen.

KAPITEL 10

»Alternative für Europa« – ein Blick in die Glaskugel

Es mag nur eine Beobachtung sein.

Ein egozentrisches Empfinden.

Doch ich habe den Eindruck, dass sich in Deutschland seit dem 7. Oktober eine politische und gesellschaftliche Spaltung offenbart. Sie verläuft ausgerechnet entlang des Nahostkonflikts. Und sie fördert eine hässliche Fratze zutage: den alten und den neuen Antisemitismus. Wieder und immer noch.

Bis hinein in die deutschen Wohnzimmer.

An den Universitäten scheiden sich die Geister. Mit »Solidarität mit Gaza« wirbt ein Spendenaufruf an der Kantine der privaten Hochschule für Medien, Kommunikation und Wirtschaft in Berlin-Wedding. Die Betreiberin der Mini-Mensa ist eine sehr nette Muslimin aus Pakistan.

Vor anderen Fakultäten demonstrieren seit dem 7. Oktober immer wieder Aktivisten der Gruppe »Fridays for Israel« mit Flaggen und Transparenten. Vor der Universität der Künste spricht dazu die Grünen-Politikerin Bettina Jarasch: »Es macht mich traurig, wenn ich höre, dass Juden lieber nach Israel reisen, als hier zu leben.«[76]

Kurz zuvor hatte an dieser Stelle eine aggressive propalästinensische Kundgebung stattgefunden – jüdische Studierende hatten Angst, das Gebäude weiterhin zu betreten.

Jarasch sagt: »Der hausgemachte rechte Antisemitismus war nie weg, aber es gibt auch einen israelbezogenen Antisemitismus in der eingewanderten arabischen Community.« Zudem kritisiert sie »eine linke Strömung, die eine falsch verstandene Form des Kampfs für Dekolonialisierung« vertrete, der zu Antisemitismus führe.

Auf den Straßen der Hauptstadt finden spontane und lautstarke propalästinensische Autokorsos statt – mit Fahnen, Hupen und Gebrüll wie nach einem gewonnenen Fußballspiel. An den Hauswänden lesen wir plötzlich hundertfach die Parolen: »Stop the Genocide!« und »Free Palestine from the River to the Sea«. Nicht nur in »Problembezirken«, auch in den sogenannten bürgerlichen Bezirken. Beinahe täglich erleben wir Demos gegen Israel und für Palästina oder die Hamas, aber auch Kundgebungen und Solidaritätsveranstaltungen für Israel und gegen niemanden.

In vielen Stadtteilen gründen sich Anwohnerinitiativen. Bürger halten Mahnwachen an einer Synagoge, auf die marodierende Jugendliche einen Molotowcocktail warfen. An Buchläden, Cafés oder Boutiquen hängen Zettel in Schaufenstern und an Eingangstüren: »I stand with Israel«. Oder: »Wir schützen jüdisches Leben!« Darauf jeweils ein Davidstern.

Ich spreche mit der Inhaberin eines kleinen Schreibwarenladens in Berlin-Mitte, die solche Zettel an ihrer

Eingangstür angebracht hat, ich möchte mich bedanken und meine Unterstützung bekunden. Sie sagt: »Aber das ist doch selbstverständlich. Die meisten Kunden reagieren auch sehr positiv darauf.« Und dann rückt sie damit heraus: Mehrfach hätten ihr Leute nachts die Scheibe mit einem Schlüssel zerkratzt, sie beschmiert oder am helllichten Tag bespuckt. Sie habe den Vandalismus jeweils gemeldet, immerhin sei die Polizei innerhalb von zehn Minuten dagewesen. Einmal stand die Ladentür ein wenig offen. Draußen ein Grüppchen Menschen, »die überhaupt nicht so aussahen, als hätten sie einen palästinensischen oder arabischen Hintergrund«. Eine Frau habe laut gesagt: »Hier kaufen wir nicht mehr!«

Wie bitte? Deutsche, kauft nicht bei Leuten, die Juden mögen?

In einer Villa in Potsdam sitzen unterdessen Politiker von der rechtsextremen Alternative für Deutschland (AfD) bei einem Geheimtreffen mit dem bekanntesten Vertreter der rechtsextremen Identitären Bewegung, dem jungen Österreicher Martin Sellner. Sie hören seinen Vortrag, in dem es um »Remigration« geht. Bei dem Treffen wird über einen »Masterplan« zur Einwanderungspolitik gesprochen.

Sellner fordert die »Rückabwicklung der Ansiedlung von Ausländern«. Nicht nur Asylbewerber und Ausländer mit Bleiberecht sollen in ihre Herkunftsländer abgeschoben werden, sondern auch »nichtassimilierte Staatsbürger«. Wer genau diese sein mögen oder wer darüber befinden solle, ließ er offen.

Mit von der Partie ist auch Roland Hartwig, ein ehemaliger Bundestagsabgeordneter und Berater von Partei- und Fraktionschefin Alice Weidel. Für die Teilnahme an dem exklusiven Treffen soll eine »Mindestspende« von 5000 Euro erhoben worden sein.[77] Es ist kein Geheimnis, dass die AfD seit Langem nach Abschiebungen *en masse* trachtet. Im November 2023 sagte der AfD-Abgeordnete Gottfried Curio im Bundestag: »Was wir jetzt brauchen, ist nicht nur der sofortige Stopp der illegalen Migration. Wir brauchen die wirkliche, tatsächliche Rückführung, die komplette Abschiebung. Wir brauchen, meine Damen und Herren, endlich die wirkliche Remigration.«

Nach dem Potsdamer Treffen trennte sich die AfD-Politikerin Weidel von ihrem Berater. Das war's, mehr nicht. Keine Distanzierung. Im Gegenteil: Viele AfD-Politiker verteidigen das Treffen und seine Inhalte. Einmal mehr gelang es dieser Partei, ein *Wording* in der Gesellschaft zu verankern und für sich zu besetzen: »Remigration«. In München, Hamburg, Köln, Berlin, Frankfurt am Main und vielen kleineren Städten gingen daraufhin rund eine Million Menschen auf die Straßen und skandierten: »Alle – zusammen – gegen den Faschismus!«

Auf vielen Transparenten in der Hauptstadt stand: »Ganz Berlin hasst die AfD«. Woher kommen dann all die Stimmen für diese Partei?

Im Nachgang der Demonstrationen postete der thüringische Landesvorsitzende der AfD, der Neonazi Björn

Höcke, auf X die Frage, ob denn die Bilder, die von den Demonstrierenden erschienen waren, authentisch gewesen seien: »Bestellte Massen demonstrieren gegen die AfD. Doch bei den in den Medien veröffentlichten Bildern fallen inzwischen zahlreiche Fälle von Bildmanipulationen auf. Warum haben sie das nötig?«,[78] schrieb Höcke und bezichtigte »die Medien« einmal mehr der Fälschung.

Wahren wir doch zunächst die Urheber-Rechte: Das von der AfD oft verwandte Wort »Lügenpresse« ist eine Goebbels-Erfindung. Es sollte alle den Nazis kritisch gegenüberstehenden Medien diskreditieren.

Die von Höcke als Manipulation einer Künstlichen Intelligenz diskreditierten Bilder – auf manchen Luftaufnahmen aus Hamburg hätten die angeblichen Massen der Demonstrierenden schon in der Alster gestanden – konnten rasch von Experten als authentisch und von Menschen gemacht eingestuft werden: Es handelte sich um perspektivische Aufnahmen, die diesen Eindruck erwecken mochten. Die Agenturen und Fotografen, denen ich Glauben schenken möchte, versicherten die Echtheit der Bilder. Aber: gekonnt gekontert.

Es ist nichts Neues, dass die AfD gern mit Verschwörungstheorien arbeitet. Dann kann ich mit diesem »modernen« Mittel darauf reagieren:

Mein Cousin in Westwood verhilft Donald Trump zu seiner zweiten Amtszeit. Trump und die Republikaner hebeln die amerikanische Demokratie aus, der US-Präsident bleibt fortan ohne Wiederwahl im Amt. Frankreich fällt 2027 an Marine Le Pen, die als Präsidentin über den »Frexit« abstimmen lässt. Frankreich ist raus aus der EU. Ungarn, Italien, Holland verbleiben in rechtsradikaler Hand.

In Deutschland geht die AfD aus den Bundestagswahlen 2033 – genau 100 Jahre nach dem Triumph der Nationalsozialisten – als stärkste Kraft hervor und koaliert mit den Freien Wählern. Der »Dexit« wird beschlossen. Die EU zerfällt in Kleinstaaterei. Bundeskanzler Björn Höcke und Innenminister Tino Chrupalla beginnen umgehend mit den Säuberungsaktionen der »totalen Remigration«.

Die massive Gewalt gegen Migranten und das mysteriöse, ungeklärte Verschwinden vieler AfD-Gegner stoßen in Teilen der Bevölkerung zwar auf friedlichen Protest, aber die Schuldigen sind schnell ausgemacht: Israel und die Juden. Präsident Trump setzt unterdessen Wladimir Putin und seinem Einmarsch in Polen und Deutschland nichts entgegen (im Gegenzug fließen Hunderte Millionen in Kryptowährung auf Konten des Trumpclans, was irgendein Spinner zwar leakt, aber rasch als Fake News diskreditiert wird).

Die USA verlassen die NATO. England und Frankreich ziehen nach. Kanzler Höcke stimmt der Unterwerfung feierlich zu und unterzeichnet den Beitritt zur Russischen Föderation. Russisch wird zweite Amtssprache in allen Behörden und erste Fremdsprache an deutschen Schulen. Der Bundesadler im Reichstag wird entfernt und durch einen kunstvollen Schriftzug des Wortes »Druschba« (Freundschaft) ersetzt.

Das ist blanker Unsinn! Oder?

Ich muss kein Verschwörungsneurotiker sein, um festzustellen: Je stärker der radikale Islamismus in Deutschland wird, desto größer wird der Zulauf zur AfD. Der Umkehrschluss funktioniert auch: Je stärker die AfD wird, desto mehr Zulauf verzeichnen radikale Islamisten. Nicht ich, nicht Eren Güvercin, nicht Arye Sharuz Shalicar oder Hamed Abdel-Samad singen das Lied der AfD, nein, es singen genau die lieben, sympathischen, polyglotten Kufiya-Fans der postkolonialen Linken fröhlich die Hymne der Totengräber jeglicher Aufklärung.

Es ist diese unerträgliche Dreifaltigkeit, die mich erschüttert: Extreme Rechte, etablierte Politiker der großen Parteien und postkoloniale Linke würden sich niemals in einem Restaurant verabreden. Das scheitert schon an der Wahl der Lokalität. Eisbein mit Sauerkraut, toskanischer Hähnchenauflauf oder veganer Seitan? Wenn es aber um Israel und die Juden geht, sind sich plötzlich alle handelseinig - und nehmen ihre »Follower« mit.

War die Hamas tatsächlich so schlau gewesen, mit einem über Jahre geplanten, akribisch ausgeführten, brutalstmöglichen Massaker und dem mit Geiseln abgesicherten Rückzug in ein gigantisches Tunnelsystem den Untergang der westlichen Demokratien einzuläuten? Oder sind wir einfach zu dumm, uns auf unsere Grundwerte zu verständigen und diese zu verteidigen? Das kann ich nicht glauben!

Plötzlich öffnet sich der Graben, der seit Langem durch unsere und andere westliche Gesellschaften verläuft. Er manifestiert sich einmal mehr anhand des Schicksals von uns Juden. »Die Deutschen werden den Juden Auschwitz niemals vergeben.« An diesem Satz, der dem österreichisch-israelischen Arzt und Autor Zvi Rix zugeschrieben wird, ist in all seiner Perfidität etwas dran.

Es geht nicht darum, wie *woke* wir sein wollen oder nicht. Es geht nicht darum, welche Konsequenzen wir aus dem Merkelschen Diktum »Wir schaffen das« ziehen oder nicht. Es geht nicht um eine Erinnerungskultur oder die »Hoheit« darüber. Es geht um eine fundamentale Spaltung. Darum, ob wir für unsere gemeinsamen Werte des Friedens, der Freiheit, der Menschenrechte und der Gerechtigkeit – so wir denn mehr daran glauben als an einen liebenden oder strafenden Gott – einstehen wollen oder nicht.

Ob wir unsere Demokratie erhalten oder sie uns stehlen lassen wollen.

Der französische Autor Michel Houellebecq entwirft in seinem Roman »Unterwerfung« ein anderes Szenario.[79] Er beschreibt darin, wie sich Frankreich der vermeintlichen Übermacht des Islam unterwirft und mit einem muslimischen Präsidenten zum Gottesstaat wird. Im Moment läuft die politische Entwicklung dort eher auf eine andere Machtübernahme hinaus – die der Rechtspopulistin Marine Le Pen –, aber ich habe Houellebecqs bösartige Verschwörungsgeschichte samt Fingerzeig gern gelesen. Denn im Grunde will er vielleicht sagen: Alles ist möglich, die politische Zukunft Europas hängt von uns selbst ab.

Wie gehe ich als jüdischer Journalist bei einer jüdischen Zeitung mit den neuen AfD-Rechtsextremisten um? Nun, zu den großen Vorzügen von uns Journalisten gehört es, dass man sich seine Interviewpartner aussuchen kann: Künstler, Staatschefs oder ganz normale Gemeindemitglieder. Die Erfahrung lehrt, dass fast jeder Mensch auf seine ganz eigene Art interessant ist und etwas zu erzählen hat.

Zu den großen Herausforderungen als Journalist dagegen gehört es, gelegentlich auch Anfragen von Menschen zu erhalten, die gerne einmal interviewt werden wollen, mit denen man aber keine paar Sekunden allein im Aufzug fahren möchte. In diese Kategorie fallen Politiker der AfD.

Viele Vertreter dieser Partei fühlen sich von der »Jüdischen Allgemeinen« unfair behandelt. Keiner setze sich so stark für die jüdische Gemeinschaft ein, wie sie es tun, betont die Partei immer wieder. Keiner benenne den muslimischen Judenhass so schonungslos wie sie.

Besonderen Eindruck hinterließ in unserer Redaktion vor Jahren der Anruf eines AfD-Spitzenpolitikers, der sich gerade am Toten Meer aufhielt. Ob wir ihm nicht Fragen zu seinem guten Verhältnis zu Juden stellen wollten, fragte er. Nein, wollten wir nicht. Wir sprechen nicht mit Politikern einer Partei, die vom Ortsverband über die Landesparlamente bis hin zum Bundestag mit Rechtsradikalen gespickt ist, auch wenn sie noch so sehr mit Tweedjacket oder Dreiteiler den Anschein der Bürgerlichkeit zu erwecken versucht.

Zugegeben: Ein hart geführtes und gut vorbereitetes Streitgespräch mit einem AfD-Politiker abseits von jüdischen Themen wäre spannend – und angesichts vieler mitunter eher nachlässig geführter Gespräche auch notwendig. Denn bei Fragen des Klimaschutzes, der Digitalisierung, Bildung und Kulturpolitik steht die AfD mit komplett leeren Händen da.

Doch auch diese Gespräche möchten wir als jüdische Zeitung, mit vielen Lesern und Autoren, deren Familienangehörige in der Schoa ermordet wurden, nicht führen. Es gibt schlicht Sachen, die gehören sich nicht. Wir wollen einer Partei mit Neonazis und Neonazis nahestehenden Politikern keine Plattform geben.

Zumal der Erkenntnisgewinn eines solchen Interviews bei jüdischen und erinnerungspolitischen Themen sehr überschaubar wäre. Der AfD ist hier nichts zu entlocken. Es gibt bei dieser Partei nichts zu enttarnen oder freizulegen. Es gibt bei ihr keine zweite Ebene. Es liegt alles offen zutage.

Auch, wenn die Partei immer wieder ihr angeblich so gutes Verhältnis zum jüdischen Staat betont: Ihre judenfeindliche Weltsicht hat die AfD in öffentlichen Reden bereits hinreichend kundgetan. Die fürs Judentum essenzielle Brit Mila, die Beschneidung? Soll verboten werden. Koscheres Fleisch? Ebenfalls.

Mit Politikern, die den Holocaust als »Vogelschiss der Geschichte« und das Holocaustmahnmal in Berlin als »Schande« bezeichnen, gibt es für uns nichts zu besprechen. Eine Partei mit einem gefährlichen Scharfmacher samt bester Neonazikontakte als Landeschef disqualifiziert sich ohnehin von ganz allein – und hat alle Fragen damit bereits beantwortet.

Ich sage es ganz klar: Die AfD macht mir Angst. Und zwar große Angst. Der in Potsdam vorgestellte »Masterplan« bedroht mich und meine Familie persönlich. Er sieht vor, Millionen Menschen aus Deutschland zu vertreiben und zurück in ihre »Heimatländer« zu verfrachten. Wie genau das ablaufen soll, ist unklar. Aber der Thüringer AfD-Spitzenkandidat Höcke »fürchtet«, man werde nicht umhinkommen, »wohltemperierte Gewalt« anwenden zu »müssen«.[80]

Wie viele Menschen genau das Land verlassen sollen, lässt der Verfasser der Potsdamer Kampfansage ebenso offen. Es lässt sich nur schätzen: Laut Statistischem Bundesamt haben 20,2 Millionen Deutsche einen Einwanderungshintergrund. Meine Mutter, meine Geschwister, meine Kinder und ich zählen dazu. Wir würden in den Iran abgeschoben werden.

Das ist meine unmittelbare Gegenwart.

Vielleicht haben die Mullahs aber einen guten Tag, und ich kann mir den Baukran sogar aussuchen, an dem ich hängen werde?

Eine Dystopie? Schlechte Science Fiction?

Nein. Das alles liegt angesichts des Aufstiegs der AfD zum Greifen nahe. Und wenn wir Juden wissen wollen, wie es uns in fünf oder zehn Jahren in Deutschland ergehen könnte, brauchen wir nur nach Frankreich zu blicken. Frankreich ist für uns wie eine Glaskugel.

Darin sehen wir, wie eine Gesellschaft mit den Problemen des ultrarechten, des muslimischen und des postkolonialen Antisemitismus umgeht. Wir sehen stellvertretend die Machtverschiebungen und die damit einhergehenden Spaltungen. Wir können zählen, wie viele Juden Frankreich bereits verlassen haben, weiterhin verlassen und nach Israel oder in andere Länder emigrieren. Ich kann nachvollziehen, wie das Land versucht, diese Spaltung zu überwinden – und grandios scheitert.

Wird es in zehn Jahren hier auch französische Verhältnisse geben? Die Frage ist berechtigt. Und sie treibt die jüdische Gemeinschaft in Deutschland um wie kein anderes Thema. Denn dort sieht die Lage so aus:

Am 21. Januar 2006 wird der aus Casablanca stammende marokkanische Jude Ilan Halimi von einer Gruppe von 25 Muslimen aus afrikanischen Ländern, die sich selbst »Gang der Barbaren« nennt, entführt. Die Islamisten wollten von seiner Familie ein Lösegeld erpressen. 24 Tage lang foltern sie ihn nackt ausgezogen in Sainte-Geneviève-des-Bois bestialisch zu Tode. Sie stechen ihn, drücken Zigaretten an seinem Körper aus, übergießen ihn einmal mit einer brennbaren Flüssigkeit und steckten ihn in Brand. Immer wieder »bewachen« ihn Freunde und Bekannte der Gruppe. Schließlich legen sie ihn an einer Eisenbahnstrecke ab. Seine Haut ist zu 80 Prozent mit Säure verätzt. Auf dem Weg in ein Krankenhaus erliegt er seinen Verletzungen. Er wurde 23 Jahre alt.

Am 4. April 2017 wird die 65-jährige Ärztin Sarah Attal-Halimi in ihrer Wohnung im 11. Pariser Arrondissement überfallen, misshandelt und aus dem Fenster geworfen. Es ist bis heute nicht klar, ob sie ihren Verletzungen in ihrer Wohnung erlag oder durch den Aufprall starb. Ihr Mörder war ein 27-jähriger Mann und Nachbar, der als Straftäter bekannt war. Die Polizei reagierte sofort auf ihren Notruf, verschanzte sich aber aufgrund des islamistischen Hintergrunds vor der Wohnungstür. Der Attentäter schrie »Allahu akbar, ich habe den Scheitan getötet« – und stürzte die Frau vor den Augen der Polizei auf die Straße.

Sie starb, weil sie Jüdin war.

Mireille Knoll ist eine Überlebende des Holocaust. Sie wird 85-jährig in ihrer Wohnung in Paris ermordet, im Jahr 2018. Die Tat hat einen antisemitischen Hintergrund. Zuvor hatte sie mehrfach bei der Polizei berichtet, sie habe Morddrohungen von einem Mann erhalten, der in ihrer Straße lebte und angekündigt habe, sie zu verbrennen. Der Täter sticht elf Mal auf sie ein. Anschließend legt er an elf Stellen Feuer. Die Polizei findet nur noch ihre verbrannte Leiche vor.

Das sind nur einige Monstrositäten, die mir wieder einfallen. Man vergisst so schnell.

Besser im Gedächtnis ist vielleicht noch der junge deutsche Tourist, der im Dezember 2023 von einem durchgeknallten Islamisten auf dem Eiffelturm erstochen wurde. Er rief bei seinem Messermord ebenso »Allahu akbar«

und verletzte zwei weitere Menschen durch Angriffe mit dem Messer und einem Hammer.

Dagegen nimmt sich ein Vorfall am Pariser Flughafen Orly nachgerade harmlos aus: Ein Taxifahrer identifiziert eine Familie, die er eigentlich fahren wollte, als jüdisch. »Ich nehme dich nicht mit, du Judensau«, brüllt er plötzlich. Die erschrockenen Eltern nehmen ihre kleinen Kinder beiseite. »Wenn ich dich mitnehmen würde, würde ich dir und deiner Frau und deinen Kindern die Kehle durchschneiden.«

Alltag. Was soll's. Nehmen wir das nächste Taxi.

Der französische Historiker George Bensoussan ist als Jude in Marokko aufgewachsen. 1958 flüchtete seine Familie nach Frankreich, als das Land unabhängig und die Gefahr für Juden zu groß wurde. Inzwischen lebt er überwiegend in Israel und nur noch zum Teil in Paris. Er war in Frankreich einer der Ersten, die den muslimischen Judenhass in den frühen 2000er Jahren benannten und vor einer neuen Gefahr warnten: junge, in Frankreich geborene Muslime, die Frauen, Juden oder queere Menschen als minderwertig betrachten.

Er wurde als Rassist beschimpft. So wie ich auch. Kill the Messenger!

Bensoussans Vergehen? Er wusste, wovon er sprach. Schließlich war er in seinem Heimatland mit Antisemitismus von Muslimen aufgewachsen. »Ich habe (vor 1990 in Frankreich) keinen Rassismus gespürt oder offenen Antisemitismus. Das hat sich in den letzten Jahren dramatisch geändert – wegen derselben Leute, vor denen wir einst aus Marokko geflohen sind. Islamistische Terroristen und Kriminelle wählen in Frankreich bewusst jüdische Opfer aus, in den Schulen werden jüdische Kinder schikaniert«, sagt er.[81]

Den Auslöser des neuen Antisemitismus verortet er im ersten Golfkrieg im Jahre 1991. Wenige Jahre später, 1995, verübte der algerische Terrorist Khaled Kelkal ein Bombenattentat in Paris, acht Menschen starben, 200 wurden verletzt. Zudem hatte er einen Anschlag auf eine jüdische Schule geplant. »Zur gleichen Zeit las ich Reportagen über den wahnhaften Judenhass während des algerischen Bürgerkriegs, in einem Land, in dem es keine Juden mehr gab. Ein Teil der nach Frankreich eingewanderten Bevölkerung ist ein Reservoir des Hasses, das eines Tages explodieren wird«, sagt Bensoussan.

Noch immer eckt er mit solchen Äußerungen an. »Man benennt nicht die Antisemiten. Man darf nicht, so ein tausendfach gehörter Satz, ›der extremen Rechten in die Hände spielen‹.« Das unterscheidet sich nicht wesentlich von der Argumentation in Deutschland, wenn man muslimischen Antisemitismus thematisiert.

Bensoussan ist überzeugt, dass die Mehrheit der Franzosen zutiefst antiislamistisch eingestellt ist, weil der Islamismus vielfach getötet hat: im Konzertsaal Bataclan, in Nizza oder in der Redaktion des Magazins »Charlie Hebdo« mit jeweils unzähligen Opfern. »Die Medien spiegeln dieses Frankreich oft nicht wider, sie sind von einer kulturellen, intellektuell verarmten Linken geprägt. Diese Linke erkennt in den Muslimen, angefangen mit denen in Gaza, die neuen Verdammten dieser Erde.«

Frankreich hat die größte muslimische Bevölkerung in Europa. Sie wird auf sechs bis neun Millionen Menschen geschätzt. Demgegenüber beträgt der Anteil der jüdischen Bevölkerung gerade mal 0,6 Prozent. In den letzten 20 Jahren wanderten rund 100 000 französische Juden aus Frankreich aus. Die meisten gingen nach Israel, circa 70 000.

Darunter befinden sich zwar auch diejenigen, die aus religiösen Gründen »Alijah« machen, das heißt »für Gott« in Israel einwandern. Die Mehrzahl aber emigrierte aufgrund des wachsenden Drucks auf Juden, insbesondere als Reaktion auf den muslimischen Judenhass. Die Zahlen sind erschreckend: Von einst 500 000 Mitgliedern der jüdischen Gemeinden verblieben nur noch 400 000.

Jeder Fünfte ist schon abgehauen.

Interessant ist auch das Phänomen einer Verschiebung: In dieser Zeitspanne haben sich einst große jüdische Gemeinden wie die in Seine-Saint-Denis oder Sarcelles halbiert oder sind noch weiter geschrumpft. Viele Juden zogen es vor, in vermeintlich sicherere Vororte großer Städte zu ziehen. Dort fühlen sie sich weniger exponiert. Zugleich schnellten Anfragen an die Agence »Juive pour Israël«, die Juden Auskunft zur Einwanderung nach Israel erteilt, seit dem 7. Oktober um 400 Prozent in die Höhe.

Die Gründe liegen auf der Hand. Die Zahl antisemitischer Vorfälle in Belgien und Frankreich hat sich nach dem Beginn des Gazakriegs vervielfacht. 2023 registrierten das französische Innenministerium und der Schutzdienst der jüdischen Gemeinschaft (SPCJ) 1676 antisemitische Akte – gegenüber 436 im Jahr 2022. Der Rat jüdischer Institutionen in Frankreich (Crif) gab bekannt, dass in den letzten drei Monaten des Jahres 2013 so viele antisemitische Vorfälle registriert wurden, wie in den drei Jahren davor zusammen.[82]

In Belgien erklärte die unabhängige Antidiskriminierungsstelle Unia, sie habe seit dem 7. Oktober 91 Berichte über Antisemitismus erhalten, verglichen mit 57 im gesamten Jahr 2022. Zumeist Hassbotschaften im Internet wie im öffentlichen Raum. Die Zahl beinhalte auch Holocaust-Leugnungen, Schläge, Graffitis und Grabentweihungen. Im gleichen Zeitraum gab es laut Unia acht Vorfälle von Diskriminierung oder Hassreden gegen Menschen arabischer Herkunft.

George Bensoussan kommt zu dem Schluss: »Die Grundtendenz ist, dass der Exodus weitergeht. Ein Rest wird bleiben, aber auf immer diskretere Weise leben. Sie werden sich weiter in bestimmte Viertel zurückziehen und auffällige Zeichen wie die Mesusa von den Türen entfernen, wie das viele bereits heute tun. Gleiches gilt für die Kippa, die viele nur noch verborgen oder gar nicht mehr tragen. Wir bewegen uns auf eine Gemeinschaft zu, die unsichtbar wird.«

Eine Gemeinschaft, die unsichtbar wird. Auch in Deutschland. Nach dem 7. Oktober beschloss die Frankfurter Gemeinde, eine der größten und stolzesten jüdischen Gemeinden in Deutschland, ihre Briefe nur noch mit neutralem Cover, ohne Davidstern und ohne Nennung des Wortes »Jüdisch« zu versenden. Aus Sicherheitsgründen.

Die Präsidentin der Jüdischen Gemeinde in München, die Holocaust-Überlebende Charlotte Knobloch, bat ihre Mitglieder darum, sich auf der Straße nicht als Juden zuerkennen zu geben. Aus Sicherheitsgründen.

Eigentlich nur noch nebenbei: Februar 2023, Dänemark: In Kopenhagen werden Soldaten der Armee zum Schutz und zur Prävention abgestellt. Dezember 2023, London: Die Stadt hatte vor, das öffentliche Anzünden der Chanukka-Leuchter abzusagen – »aufgrund der jüngsten Spannungen«. Es fand dann doch statt, dank der beherzten britischen Jüdinnen und Juden. Die Zahlen sprechen allerdings die gleiche Sprache wie in Frankreich oder Belgien.

Wenn selbst in den sicher geglaubten europäischen Demokratien und in den Vereinigten Staaten Juden wieder Angst haben und auswandern, läuft etwas fundamental falsch.

Das ist der Blick in unsere Glaskugel.

Schauen wir noch einmal zurück. Vor 76 Jahren gründete sich der Zentralrat der Juden in Deutschland. Mit dem alleinigen Ziel, Juden in Deutschland bei ihrer Ausreise zu unterstützen. Alle Juden, die sich noch in den Displaced Persons Camps befanden, hatten den gleichen Gedanken: Nur noch raus, nichts wie weg. Deutschland lag in Trümmern. Die Schoah hatte das 1700-jährige Kapitel des deutschen Judentums beendet.

Doch viele Juden blieben. Man richtete sich ein, wenn auch provisorisch. Aus dem Provisorium wurde Kontinuität. Die stets gepackten Koffer wurden langsam ausgepackt. Und in der Tat: Noch nie war das jüdische Leben in der Bundesrepublik lebendiger und etablierter als heute, jedenfalls bis zum 7. Oktober. Noch nie war eine Regierung bestrebter als jetzt, jüdisches Leben zu fördern und Judenhass konsequent zu bekämpfen.

Zur Wahrheit gehört aber auch, dass Juden in Deutschland sich wieder Gedanken machen, wo sie im Fall der Fälle leben könnten. Denn es ist etwas ins Rutschen geraten. Die Angriffe werden mehr und sie kommen von allen Seiten. Viele Juden trauen sich nicht mehr, in der Öffentlichkeit als Jude erkennbar zu sein. Sie sind die ständigen verbalen und physischen Attacken leid.

Jüdische Schüler werden von ihren Mitschülern gemobbt – zumeist von Muslimen. Vorträge von Schoah-Überlebenden werden von der antisemitischen BDS-Bewegung gestürmt und niedergebrüllt. Ein Wuppertaler Gericht urteilt, dass ein Brandanschlag auf die dortige Synagoge als legitimer Akt der Kritik an Israel zu werten sei. Auf Anti-Corona-Demonstrationen werden »Judensterne« getragen – ein Schlag ins Gesicht aller Verwandten derjenigen, die damals den Stern tragen mussten.

Blicken wir nach Frankreich, haben wir in Zukunft also die Wahl zwischen Auswanderung und Unsichtbarkeit. Mit der Unsichtbarkeit würden wir uns aber freiwillig einem Status unterwerfen, der jenem der »Dhimmis« im Zeitalter Mohammeds gleicht: Wir sind feige, aber harmlos.

Wir können auch Boxen lernen, wie Arye meint, und uns in möglichst gut bewachte Schutz- und Trutzburgen zurückziehen, uns in Gated Communities für Juden verschanzen. Die jüdische Kita meiner Kinder gleicht jetzt schon einer Festung. Alle sichtbaren Einrichtungen wie Synagogen und Gemeindehäuser sowieso. Ich sehe schwarz. Jetzt gerade, Anfang Februar 2024, blicke ich düster in den Nebel vor meinen Fenstern. Ich sehe Dunkeldeutschland. Ich glaube, das Kapitel der Juden, das 2023 noch so groß gefeiert wurde, ist in allergrößter Gefahr.

Machen wir uns nichts vor: Der Hass auf uns hat nie aufgehört – ob Antisemitismus von links, rechts, der Mitte der Gesellschaft oder von Migranten: Seit dem 7. Oktober zeigt er sich nur noch offener und aggressiver als ohnehin schon.

Nun ist die Lebenslüge entlarvt: Die Deutschen haben nach Krieg und Schoah nur gelernt, die Klappe zu halten. Sie haben einen Damm gebaut, der das Hochwasser im Zaum hielt. Einen Damm aus sehr deutschen Worten wie »Erinnerungskultur«, »jüdische Mitbürger« und »Nie wieder«. Einen Damm aus sehr kleinen Steinen, aus Stolpersteinen. Er hat lange gehalten. Aber der Damm ist gebrochen. Die ersten Koffer sind schon gepackt.

Unsere auch? Nein. Noch nicht. Zur Wahrheit gehört aber, dass ich nachgeschaut habe, wo sie stehen. Immer griffbereit.

Doch dann ist da ein Detail, das mich nicht loslassen will: Ich bin ein deutscher Jude. Hier ist mein Platz! Hier wurde ich geboren, hier gehöre ich hin. Und wer das nicht will, ist selbst schuld. Er, nicht ich, sollte die Koffer packen müssen. Ich werde kämpfen. Ich möchte und werde mich nicht von einem antisemitischen Mob tyrannisieren lassen. Deutschland ist ein gutes Land, trotz allem. Mit vielen großartigen Menschen.

Aber eine Gesellschaft, die dem Antisemitismus Spielraum lässt, taumelt in den Abgrund.

Deutschland hat die Wahl.

ANMERKUNGEN

1 Peter Scholl-Latour, »In freudiger Erwartung des Martyriums«, in: Der Spiegel, Nr. 6, 2.2.2009.

2 www.juedische-allgemeine.de/unsere-woche/mit-58-ist-es-schwer/

3 Die Namen meiner Freunde sind geändert.

4 www.spiegel.de/spiegel/was-muslimischer-hass-auf-juden-in-deren-alltag-bedeutet-a-1183879.html

5 https://www.tiktok.com/@hairymaskulin33/video/7291785890106510625, posted by »hairymasculin33«.

6 »Hitler und die Nazis sind nur ein Vogelschiss in über 1000 Jahren erfolgreicher deutscher Geschichte.« Alexander Gauland in einer Rede beim Bundeskongress der AfD-Nachwuchsorganisation »Junge Alternative« im thüringischen Seebach 2018. Zitiert von: www.dw.com/de/gauland-nur-ein-vogelschiss/video-44056200

7 Samidoun wurde 2012 in den Vereinigten Staaten gegründet. Die Organisation bezeichnet sich selbst als »Solidaritätsnetzwerk für palästinensische Gefangene«. Der Verein wurde 2023 in Deutschland verboten, weil er »judenfeindliche Propaganda« verbreitete.

8 Detlef David Kauschke im Gespräch mit Tuvia Tenenbom, »Hier fühle ich mich frei«, in: Jüdische Allgemeine, Nr. 47, 23.11.2023

9 Jean-Philipp Baeck, Christian Jakob, »Linke ohne Leitplanken«, in: wochentaz, Nr. 42, 28.10.2023.

10 Am 19. Februar 2020 erschoss der mutmaßliche Rechtsextreme Tobias Rathjen (43 Jahre) in Hanau neun Personen mit Migrationshintergrund, seine Mutter und sich selbst.

11 www.deutschlandfunk.de/islamismus-gefaehrder-antisemitismus-nahost-100.html

12 www.report-antisemitism.de, 28. November 2023.

13 www.tagesspiegel.de/politik/seit-hamas-massaker-am-7-oktober-4300-islamistische-straftaten-in-deutschland-registriert-10895908.html

14 www.tagesschau.de/inland/gesellschaft/kritik-thunberg-100.html

15 www.sueddeutsche.de/politik/greta-thunberg-klimademo-fridays-for-future-sara-rachdan-1.6302464

16 twitter.com/GretaThunberg/status/1715355506078892505

17 twitter.com/Volker_Beck/status/1723776933500948943

18 www.instagram.com/p/CyTk78KKw1l/?igsh=MWo5amsoMXZxeXAzcA%3D%3D

19 www.berliner-zeitung.de/kultur-vergnuegen/musik/berliner-techno-club-about-blank-das-schweigen-zum-hamas-terror-ist-fuer-uns-sehr-bitter-li.2150657

20 www.sueddeutsche.de/kultur/eva-illouz-linke-hamas-1.6295055?reduced=true

21 www.juedische-allgemeine.de/israel/gleichgueltigkeit-und-kaelte/

22 @AStaroselski, 21.11.2023.

23 www.sueddeutsche.de/kultur/ausstellungen-kassel-documenta-fifteen-bekenntnis-zur-kuenstlerischen-leitung-dpa.urn-newsml-dpa-com-20090101-220615-99-674522

24 Ronen Steinke, Terror gegen Juden. Wie antisemitische Gewalt erstarkt und der Staat versagt, Berlin 2020, S. 16. Siehe auch: www.deutschlandfunk.de/versuchter-antisemitischer-anschlag-die-bombe-die-nicht-100.html

25 Joschka Fischer, »Ich, Joschka Fischer«, in: Der Spiegel, Nr. 40, 30.9.2007.

26 www.sueddeutsche.de/kultur/edgar-selge-israel-nahost konflikt-1.6311372?reduced=true

27 www.juedische-allgemeine.de/meinung/claudia-roth-spaete-einsicht-ist-besser-als-keine/

28 www.bundespräsident.de, 24.11.2023.

29 @ZaraRiffler, 24.11.2023.

30 www.nytimes.com/2024/01/02/us/politics/gaza-hospital-hamas.html

31 www.juedische-allgemeine.de/politik/keine-reise-wie-jede-andere/

32 Arye Sharuz Shalicar, »Ein nasser Hund ist besser als ein trockener Jude«. Die Geschichte eines Deutsch-Iraners, der Israeli wurde, München 2010.

33 Ein nasser Hund, Regie: Damir Lukačević, 2021, Warner Bros. Pictures.

34 Michael Roth, SPD, Politologe, MdB, Vorsitzender des Auswärtigen Ausschusses des Deutschen Bundestages.

35 www.juedische-allgemeine.de/politik/deutschlands-fundamentalist/

36 Irfan Peci mit Johannes Gunst, Oliver Schröm, Der Dschihadist, München 2015, S. 62.

37 a. a. O., S. 41 f.

38 www.juedische-allgemeine.de/politik/fuer-eine-welt offene-hauptstadt-beschaemend/

39 www.juedische-allgemeine.de/unsere-woche/unser-rechtsstaat-ist-wehrhaft-und-das-muss-er-auch-sein/

40 twitter.com/DemocratiaBLN, 17.12.2023

41 berlin-monitor.de/der-berlin-monitor-2023/

42 www.zdf.de/nachrichten/politik/ausland/erdogan-kriegsverbrechen-israel-100.html

43 www.spiegel.de/ausland/recep-tayyip-erdogan-tuerkischer-praesident-bezeichnet-israel-als-terrorstaat-a-e841c2bb-ec9d-4b65-94e9-28634f1e6ac1, zuletzt abgerufen am 28.1.2024

44 www.zeit.de/gesellschaft/zeitgeschehen/2023-11/ditib-hamas-muslime-synagoge-distanzierung-nahost

45 www.zeit.de/gesellschaft/zeitgeschehen/2023-11/ditib-taliban-besuch-koeln-recep-tayyip-erdogan

46 www.hessenschau.de/politik/antisemitismusvorwuerfe-gegen-ditib-streit-ueber-islamunterricht-wird-nicht-so-schnell-enden-v2,islamunterricht-hessen-ditib-102.html

47 www.zeit.de/politik/ausland/2016-11/gaza-recep-tayyip-erdogan-israel-kritik-adolf-hitler-vergleich

48 www.nzz.ch/international/deniz-yuecel-ueber-erdoğan-globaler-wortfuehrer-des-hasses-auf-israel-ld.1765866

49 Eren Güvercin, »Wir haben Erdoğans Agitation ignoriert«, in: Jüdische Allgemeine, Nr. 20, 19.5.2023

50 Juni 2018, Rede vor Abgeordneten der AKP, s. www.dw.com/de/erdoğan-israel-ist-faschistischster-und-rassistischster-staat-der-welt/a-44807283. Das ist auch insofern interessant, als Israel tatsächlich der

einzige zionistische Staat der Welt ist, da der Begriff Zionismus nur auf ihn zutreffen kann. Es gibt also keine Steigerung.

51 www.blaetter.de/ausgabe/2021/juli/israel-palaestina-debatte-falsche-freunde-im-hass-vereint

52 www.deutschlandfunk.de/ditib-nach-zusatzerklaerung-zum-existenzrecht-israels-weiter-partner-im-nrw-religionsunterricht-100.html

53 www.svr-migration.de/publikation/antimuslimische-und-antisemitische-einstellungen/

54 www.welt.de/politik/deutschland/plus248575664/erdoğan-Pro-Hamas-Rhetorik-und-die-unheilvollen-Folgen-fuer-Deutschland.html

55 www.berliner-zeitung.de/news/nahostkonflikt-israel-ist-ein-terroristischer-staat-wiederholt-erdoğan-einen-tag-nach-dem-scholz-treffen-li.2160105

56 www.bpb.de/themen/infodienst/329054/die-hizb-ut-tahrir-in-deutschland/

57 www.n-tv.de/politik/Erdoğan-Sie-bringen-uns-dazu-Hitler-zu-vermissen-article24625177.html

58 abcnews.go.com/US/antisemitic-fliers-distributed-beverly-hills-police-investigating/story?id=91997125

59 abcnews.go.com/US/antisemitic-fliers-distributed-beverly-hills-police-investigating/story?id=91997125

60 www.gov.ca.gov/2022/10/24/governor-newsom-statement-on-anti-semitic-hate-in-los-angeles/

61 twitter.com/POTUS/status/1717975706167058700?s=20

62 www.adl.org/resources/report/audit-antisemitic-incidents-2021

63 www.businessinsider.de/leben/die-eliteuni-harvard-ist-aushaengeschild-des-kulturkampfes-in-den-usa/

64 www.spiegel.de/ausland/antisemitismus-in-harvard-

der-hass-der-schlausten-koepfe-a-b4b81d60-8934-43c6-ba20-6a0895db9728

65 www.juedische-allgemeine.de/politik/zeitenwende-2/

66 www.juedische-allgemeine.de/juedische-welt/unter-gays-fuehrung-wurde-harvard-fuer-uns-zum-feindesland/

67 https://www.youtube.com/watch?v=PtBGXVKbEv4, 2009

68 Jeffrey Herf, Nazi-Propaganda for the Arab World, New Haven, 2009, zitiert nach: www.deutschlandfunkkultur.de/nazi-propaganda-auf-arabisch-100.html

69 www.spiegel.de/panorama/gesellschaft/hamed-abdel-samad-der-koran-ist-wie-ein-grosser-supermarkt-a-1116451.html

70 a. a. O.

71 www.juedische-allgemeine.de/politik/eine-heikle-angelegenheit/. Siehe auch: Abdel-Hakim Ourghi, Die Juden im Koran. Ein Zerrbild mit fatalen Folgen, München 2023.

72 Charta der Islamischen Widerstandsbewegung Hamas, in: Helga Baumgarten, Hamas. Der politische Islam in Palästina, Kreuzlingen/München 2006, S. 21.

73 www.bpb.de/themen/antisemitismus/dossier-antisemitismus/307771/islamischer-antisemitismus/

74 katho-nrw.de/fileadmin/media/foschung_transfer/forschungsinstitute/CARS/CARS_Workingpaper_2022_004_Kuentzel.pdf

75 www.bpb.de/themen/antisemitismus/dossier-antisemitismus/307771/islamischer-antisemitismus/

76 www.tagesspiegel.de/berlin/fridays-for-israel-in-berlin-berliner-grunen-politikerin-beklagt-antisemitismus-bei-migranten-und-linken-10901593.html

77 www.tagesschau.de/inland/innenpolitik/afd-neonazis-geheimtreffen-100.html

78 @BjoernHoecke, 20.1.2024.

79 Michel Houellebecq, Unterwerfung, Köln 2016.

80 Björn Höcke im Gespräch mit Sebastian Hennig, »Nie zweimal in denselben Fluss«, Politische Bühne, Steigra 2018, S. 254 ff.

81 www.nzz.ch/feuilleton/georges-bensoussan-hamas-israel-antisemitismus-vertreibung-der-juden-aus-arabischer-welt-ld.1775467

82 www.tagesschau.de/ausland/europa/antisemitismus-frankreich-110.html